Stefan Schmidtchen

Klientenzentrierte Spiel- und Familientherapie

3., vollständig überarbeitete
und erweiterte Auflage

W0188810

Psychologie Verlags Union
Weinheim 1991

Professor Dr. Stefan Schmidtchen
Psychologisches Institut II
der Universität Hamburg
Von-Melle-Park 5
2000 Hamburg 13

Lektorat: Dipl.-Psych. Petra Glück

1. Auflage 1974 Beltz-Verlag, Weinheim
1. Auflage 1980 Beltz-Verlag, Weinheim
3., vollständig überarbeitete und erweiterte Auflage 1991
Psychologie Verlags Union, Weinheim

CIP-Titelaufnahme der Deutschen Bibliothek
Schmidtchen, Stefan: Klientenzentrierte Spiel- und Familientherapie /
Stefan Schmidtchen. – 3., vollst. überarb. und erw. Aufl. – Weinheim :
Psychologie-Verl.-Union, 1991
  (Kleine Bibliothek der Psychologie)
  Zugl.: Kiel, Univ., Diss. 1971 u. d. T.: Schmidtchen, Stefan: Effekte von
  klientenzentrierter Spieltherapie bei mehrfach gestörten Kindern
  ISBN 3-621-27121-X

Umschlagentwurf: Dieter Vollendorf, München
Herstellung: Goldener Schnitt, 7573 Sinzheim
Satz: Satz- und Reprotechnik GmbH, 6944 Hemsbach
Druck und Bindung: Druckhaus Beltz, 6944 Hemsbach
© 1991 Psychologie Verlags Union 1991

ISBN 3-621-27121-X

Inhaltsverzeichnis

1. Einleitung

*„Ich glaube, daß die Erfahrung
der Entscheidungsfreiheit eines
der stärksten der Elemente ist,
die der Veränderung zugrunde
liegen."* (ROGERS 1974a, S. 259)

Das vorliegende Buch stellt eine Weiterentwicklung der 1974 erschie-
nenen Fassung der „Klientenzentrierten Spieltherapie" dar. Die vollständige Neubearbeitung war erforderlich, da seit der Erstausgabe
eine Fülle von neuen praktischen und wissenschaftlichen Erfahrungen
mit der Spieltherapie und der sie begleitenden Familien- bzw. Elternarbeit gemacht wurden, die sich vorwiegend auf die stärkere *Berücksichtigung von Spielprozessen* zur Erklärung des spieltherapeutischen
Veränderungsgeschehens (denn ca. 95% der Therapiezeit wird vom
Kind spielend verbracht) und auf eine vollständige *Umgestaltung der
Familien- bzw. Elternarbeit* beziehen. Während man in den Ursprün-
gen der Spieltherapie noch davon ausging, daß eine Kinderbehand-
lung ohne oder mit einer nur sporadischen Familien- bzw. Elternarbeit
sinnvoll ist (s. Ginott 1966; Axline 1972), muß man nach den revolu-
tionären Sichtweisen der Familientherapie und Familiensystemtheorie davon ausgehen, daß ein Kind immer als ein Teil eines Familienganzen zu sehen ist und daß eine psychische Störung eines Kindes
immer ein Widerhall einer psychischen Störung des interaktionellen
Familiengeschehens ist. Insofern muß eine Kindertherapie immer mit
einer Familientherapie einhergehen; im Sonderfall ist es sogar denkbar, daß allein eine Familientherapie (ohne eine begleitende Kindertherapie) zum Abbau der psychischen Problematik des Kindes führen
kann.

Diese Sichtweise stellt die bisherige Kindertherapiepraxis auf den
Kopf; während es nämlich früher üblich war, das Schwergewicht der
Störungsbehandlung nur auf die Spieltherapie des Kindes zu legen, ist
es heute notwendig, jede Spieltherapie in eine Familientherapie ein-
zubetten und die Spieltherapie als eine Ergänzung der Familienbehandlung zu sehen. Daraus folgen zahlreiche Konsequenzen für die
Therapiediagnostik, das Interventionsgeschehen und die Therapieef-
fektivität, die im wesentlichen darin bestehen, daß vor einer Spieltherapie eine ausführliche *familiensystemische Diagnostik* des Störungsgeschehens stattfinden muß und daß das Interventionsgeschehen der
Spieltherapie mit dem der Familientherapie zu verzahnen ist. Dabei
hat die *gemeinsame Behandlung von Eltern und Kind* im familienthe-

rapeutischen Setting eine dominierende Funktion, denn in ihr werden die orientierenden Schwerpunkte der Therapie von Eltern und Kind entwickelt und die Verzahnungen der therapeutischen Veränderungen der betroffenen Personen koordiniert; außerdem wird in der Familientherapie der Transfer der Veränderungen aus dem Setting der Spieltherapie auf das Setting der außertherapeutischen Umwelt gewährleistet.

Die Konsequenzen für die *Effektivität* der Therapie bestehen darin, daß zum einen die Indikationsbreite einer Spieltherapie erheblich erweitert werden kann und daß zum anderen die Effektivitätswerte der Gesamttherapie höher liegen als die für eine alleinige Spiel- oder Familientherapie. Der größte Vorteil einer kombinierten Kind- und Familienbehandlung besteht jedoch darin, daß nicht mehr das Kind alleiniger Patient bzw. Klient ist, sondern daß *alle Familienmitglieder* als *Behandlungspersonen* gesehen werden. Dies führt nicht nur zu einer erheblichen Entlastung des Kindes, sondern auch zu einer Erhöhung der Erfolgschancen der Therapie, denn eine systematische Vereinigung aller familiären Heilungskräfte bringt mehr Erfolg als das Heilungsbemühen einzelner Personen des Familienverbandes.

Da jedes Therapieverfahren einer ausführlichen theoretischen Fundierung bedarf, aus der die Therapieziele, Störungserklärungen, Veränderungshandlungen und Heilungserklärungen abzuleiten sind, ist der *theoretische Rahmen* dieses Buches im Vergleich zu der früheren Darstellung der klientenzentrierten Spieltherapie erheblich *erweitert* worden. Besonderes Schwergewicht ist dabei auf die Ableitung einer Spieltheorie und allgemeinen Verhaltens- und Störungstheorie gelegt worden. Ich habe mich, so weit es möglich war, an den Kernannahmen der „klientenzentrierten Theorie der Psychotherapie, Persönlichkeit und zwischenmenschlichen Beziehungen" von Rogers (1959) orientiert und diese dann erweiternd ergänzt, wenn es erforderlich war. Bei den Ergänzungen habe ich mich bemüht, das theoretische und praktische Erfahrungsgut der klientenzentrierten Therapie mit Kindern, Familien, Paaren und Erwachsenen sinnvoll in das entwickelte Rahmenkonzept zu integrieren. Dabei zeigte es sich, daß gewisse Überlappungen mit anderen kindertherapeutischen Therapiekonzeptionen (z. B. denen der Gestalt-, Hypnose- oder Körpertherapie) vorliegen sowie mit den verschiedensten spieltherapeutischen Ansätzen (insbesondere denen der Psychoanalyse und Individualpsychologie). – Bezüglich der Familientherapie liegen enge Verbindungen zum Ansatz von Satir (1975), Luthman und Kirschenbaum (1977), Minuchin und Fishman (1983) und Stierlin u. a. (1985) vor.

Da es bisher – außer in wenigen Ansätzen (s. Pavel 1985, 1989) – keine elaborierte klientenzentrierte Familientherapiekonzeption gibt

(s. Cain 1989), mußten die familientherapeutischen Konzepte neu entwickelt werden. Dazu habe ich mich auf einschlägige Annahmen der Familienentwicklungspsychologie (s. Oerter und Montada 1987) und Familiensystemtheorie (s. Schneewind 1987, S. 971 ff.) bezogen. Des weiteren habe ich in Anlehnung an das ökologische Systemkonzept von Bronfenbrenner (1978) verschiedene *ökologische Einflußbedingungen* formuliert, die ein gestörtes und gesundes familiäres Interagieren erklären können. Diese ökologischen Bedingungen sind um *psychologische Bedingungen* ergänzt worden, die aus einer Theorie der internen Informationsverarbeitung (s. Schmidtchen 1989a) und emotional-kognitiven Schemabildung (s. Grawe 1987) abgeleitet wurden; beide Bedingungssysteme stellen die Kernannahmen der neu entwickelten klientenzentrierten Verhaltens- und Störungstheorie dar. Sie ermöglichen die theoretische und praktische Verzahnung einer individuumszentrierten Sichtweise von Therapie (z. B. der Spieltherapie) mit einer systemzentrierten Sichtweise (z. B. der Familientherapie). Insofern werden in diesem Buch Bemühungen unternommen, individuums- und systemzentrierte Theorien und Therapien sinnvoll miteinander zu kombinieren (s. a. Warburton 1985; Stierlin 1988; Kaiser 1989).

Der Inhalt des Buches soll sich an den *Definitionskriterien eines erweiterten Kinderpsychotherapie-Konzeptes* orientieren. Nach diesen Kriterien ist eine Kinderpsychotherapie ein (s. Schmidtchen 1989a, S. 14 ff.):

„... strukturierter und überprüfter interaktioneller Prozeß zur Behandlung von seelischen oder seelisch-körperlichen Störungen" von Kindern. Die Behandlung soll durch „*psychologische Mittel* (Maßnahmen) von einem in der Mittelanwendung ausgebildeten Psychotherapeuten" durchgeführt werden, und die Maßnahmen sollen sich auf die „heilende Beeinflussung von Erlebens-, Denk- und Verhaltensprozessen des Kinderklienten und dessen Bezugspersonen" beziehen.

Der *psychotherapeutische Prozeß* soll aus einem „geplanten und zielgerichteten Mitteleinsatz" bestehen, der auf der „Beziehung des Therapeuten zum Kinderklienten und zu dessen Bezugspersonen gegründet ist". Das Ziel des Mitteleinsatzes und der therapeutischen Beziehung soll auf die „Anregung und Unterstützung von Eigenaktivitäten der therapeutischen Zielpersonen zum Erreichen der Therapieziele" ausgerichtet sein.

Bezüglich der *Störungsverursachungsfaktoren* werden „psychologische, biologische, soziale und ökologische Einflüsse" für möglich gehalten, die im „diagnostischen Analyseprozeß aufzudecken und hinsichtlich ihres möglichen Störungsverursachungswertes gegeneinander abzuwägen" sind.

Die *Zielpersonen* der Kinderpsychotherapie sollen „der Kinderklient als Störungsträger und die familiären Bezugspersonen oder Sozialpartner als mögliche Mitverursacher der Störung" sein. – Der Mitteleinsatz sollte „bezüglich seiner

Wirksamkeit überprüft" werden. Eine Kinderpsychotherapie ist dann als erfolgreich anzusehen, „... wenn der Kinderklient und sein soziales Milieu über einen längeren Zeitraum ohne psychotherapeutische Hilfe ein störungsfreies und wachstumsförderndes Verhalten zeigen können".

Eine Spiel- und Familientherapie soll also keine spontane, mehr oder weniger zufällige Abfolge von therapeutischen Maßnahmen darstellen, die vorwiegend durch das Empfinden des Therapeuten von Empathie, Wertschätzung und Echtheit (bzw. Selbstkongruenz) gekennzeichnet sind, sondern sie soll als ein geplanter, strukturierter und begründbarer Handlungsprozeß gesehen werden, in dem die Interaktionen mit dem oder den Klienten (im Rahmen einer Gruppen-Spieltherapie oder Familientherapie) voll zu berücksichtigen sind. Die *Ziele der Therapie* sollen aus einer Förderung der seelisch-geistigen und körperlichen Wachstumsprozesse des Kindes und seiner Familienmitglieder bestehen sowie in einem Abbau der Störungsproblematik. Bezüglich der zweiten Zielsetzung gilt, daß nicht primär ein Störungsvermeidungs-, sondern ein Störungsbewältigungsverhalten (s. Schmidtchen 1989a, S. 118f.) gelernt werden soll.

Da es das primäre Bestreben einer klientenzentrierten Therapie ist, den Klienten sein Zielerreichungsverhalten selbständig suchen und finden zu lassen, soll der Therapeut keine *direkte* Hilfe zur Verhaltensfindung geben, sondern nur eine indirekte. Diese besteht darin, dem Klienten einen geeigneten Beziehungs- und Lernrahmen anzubieten, in dem er in geschützter und verständnisvoller Weise selbständig ein heilungsförderliches Verhalten suchen und finden kann. Benötigt er bei dieser Suche eine spezifische therapeutische Hilfe, so wird diese auf Anfrage gegeben. Es bleibt jedoch das vorrangige Ziel bestehen, eine *Hilfe zur Selbsthilfe* zu geben. In diesem Sinne handelt es sich um eine *nicht-direktive Psychotherapieform,* in der ein eigenständiges erfahrungsmachendes und bedeutungsschaffendes Lernen angestrebt wird.

Das Buch ist wie folgt gegliedert worden. Nach der Einleitung werden im zweiten Kapitel die wichtigsten *Merkmale einer Spieltätigkeit* dargestellt, mit deren Hilfe der Klient selbständig seine Wachstumsförderung und Problembewältigung vornehmen kann. Die Kenntnis dieser Merkmale ist erforderlich, um das therapeutische Geschehen in einer Spieltherapie besser verstehen zu können.

Im dritten Kapitel werden die *Ziele der Spiel- und Familientherapie* genannt und empirische *Effektivitätsstudien* (im wesentlichen zur Spieltherapie) referiert, die Auskunft über die wissenschaftlich erfaßte Wirksamkeit der Therapie geben.

Im vierten Kapitel wird das *klientenzentrierte Verhaltens- und Störungskonzept* vorgestellt. Im Rahmen dieses Konzeptes werden ökologische und psychologische Beeinflussungsbedingungen genannt, die in einem Interdependenzverhältnis ein gesundes oder gestörtes psychisches Verhalten verursachen können. Aus der Beschaffenheit dieser Bedingungen und ihrer Wechselwirkungen werden praktische Konsequenzen für die Spiel- und Familientherapie abgeleitet.

Im fünften Kapitel wird das *Diagnostik- und Evaluationskonzept* der klientenzentrierten Spiel- und Familientherapie geschildert. Es wird mitgeteilt, wie die Therapieeingangs-, Therapieverlaufs- und Therapieabschluß-Diagnostik aussieht und mit welchen Beobachtungsinstrumenten eine therapieinterne und -externe Wirksamkeitskontrolle durchgeführt werden kann.

Im sechsten Kapitel werden allgemeine und spezielle *Strategien zum Therapeutenverhalten* in der klientenzentrierten Spiel- und Familientherapie beschrieben. Es wird ausführlich angegeben, welche Maßnahmen im Rahmen einer *Einzel- oder Gruppen-Spieltherapie* sowie einer *Familientherapie*, zu einer Stimulierung von heilungsfördernden Klientenverhaltensweisen führen können.

Im siebenten Kapitel wird ein *Fazit* gezogen und *Ausblick* auf zukünftige Forschungsnotwendigkeiten gegeben. Nach dem *Literaturverzeichnis* folgt dann ein *Anhang,* in dem zwei Evaluationsinstrumente zur Erfassung des internen und externen Therapieerfolges vorgestellt werden und eine Kurzdarstellung der diagnostisch-therapeutischen Aufgaben in der Spiel- und Familientherapie. Diese Kurzdarstellung kann dem „schnellen" Leser einen ersten Überblick über den gesamten Ablauf des Therapiegeschehens geben.

Dieses Buch wäre ohne die Mithilfe meiner geschätzten Kolleginnen und Kollegen aus den zahlreichen Forschungs- und Weiterbildungsgruppen, die ich in den letzten zwanzig Jahren geleitet habe, nicht möglich gewesen. Ihnen möchte ich deshalb besonders für ihre Anregungen und Erfahrungen danken. Danken möchte ich des weiteren Frau Dipl.-Psych. H. Acke, Dr. S. von Aster, A. Rahlf und A. Stüwe, sowie den Kollegen Dipl.-Psych. S. Hennies, Priv.-Doz. Dr. P. Kaiser, Prof. Dr. S. Mrochen und Dr. J. Zienert für die Durchsicht des Manuskriptes und die Korrekturvorschläge.

Hamburg, im Oktober 1990   STEFAN SCHMIDTCHEN

2. Heilungsfördernde Merkmale von Spieltätigkeiten

Das Spiel ist in der Spieltherapie das zentrale Medium der Kommunikation des Klienten mit sich selbst, mit anderen Kindern (im Rahmen von Gruppentherapien) und mit dem Therapeuten. Diese Aussage wird durch empirische Befunde von Schmidtchen u. a. (1977) untermauert, die bei der Analyse von 16 Spieltherapien mit durchschnittlich 18,5 Kontakten bei 10–13jährigen Kindern fanden, daß die Kinder von 45 Minuten Therapiezeit 41,9 Minuten spielten, also in 95% der zur Verfügung stehenden Zeit. Die restlichen 3 Minuten fielen auf Tätigkeiten wie alleiniges Sprechen, Nichtstun, Aufräumen oder etwas suchen. Wenn in der Spieltherapie gesprochen wurde, dann geschah es im wesentlichen *parallel zum Spiel.* Die durchschnittliche Sprechzeit der Klienten betrug 9½ Minuten. – Dieser empirisch gewonnene Befund macht deutlich, welche Bedeutung dem *spielerischen Handeln* des Kindes zukommt.

Um das Besondere dieser Kommunikationsform angemessen würdigen und begreifen zu können, sollte man sich einmal vor Augen führen, was passieren würde, wenn in einer Erwachsenenpsychotherapie 95% der Kommunikation im Rahmen einer Spieltätigkeit stattfinden müßte, anstatt in einer Gesprächstätigkeit. Die Erwachsenenklienten würden sich vermutlich als sehr hilflos erleben, weil sie einerseits ihrer gewohnten verbalen Kommunikationstätigkeit beraubt wären und andererseits nicht wissen würden, auf welche spielerische Weise sie ihre Probleme darstellen und lösen könnten; und der an eine verbale Kommunikation gewöhnte Therapeut müßte einen großen Teil seines Strategienrepertoires verändern, um der spielzentrierten Kommunikation gerecht zu werden.

Dieses fiktive Bild soll deutlich machen, wie andersartig eine spielzentrierte Therapieform im Vergleich zu einer gesprächszentrierten ist und wie andersartig aufgrund dessen fast alle Aufgaben und Prozesse des Modifikationsgeschehens sein müssen, seien es Diagnostikaufgaben (s. Kap. 5) oder Interventionstätigkeiten (s. Kap. 6).

Andererseits findet in bestimmten Momenten und Situationen der Spieltherapie, eingebettet oder abgehoben vom Spiel, auch ein *realitätsbezogenes Handeln* statt. Dieses liegt dann vor, wenn der Klient oder Therapeut die „Als-ob-Ebene" des Spiels verläßt und

Bezüge zum realen Handeln herstellt. Dies ist eine der modifikatorischen Pflichten des Therapeuten (s. S. 115f). Die Bezugnahme zur Realität ist notwendig, damit der therapeutischen Zielsetzung genüge getan wird, die sich letztlich auf eine Korrektur eines gestörten Realitätsverhaltens bezieht.

Ähnlich wie das Gesprächsmedium in der Erwachsenentherapie hat das Spielmedium in der Spieltherapie zwei Funktionen: Einerseits ist es ein Mittel der *Informationsübertragung und Erlebnisgestaltung* zwischen Klient und Therapeut und Klient und Klient (in Gruppentherapien), und andererseits ist es ein Mittel der *Selbstkommunikation* des Klienten.

Als Mittel der *Informationsübertragung und Erlebnisgestaltung* wird die Spielhandlung (neben der Sprache) dazu verwendet, dem Spielpartner wichtige Erlebnisse, Gedanken, Erkenntnisse, Phantasien etc. mitzuteilen.

So kann der Klient dem Therapeuten beispielsweise im Rahmen der Spielhandlung mitteilen, daß er sich gegenüber seinem älteren Bruder benachteiligt fühlt, und er kann ihm zeigen, wie die Benachteiligung aussieht, wie er sie erlebt und wie er sie zu verarbeiten versucht. Der Therapeut andererseits kann dem Klienten durch die Art seines Mitspielens und seiner Kommentare zeigen, daß – und wie – er ihn versteht und kann ihm bei der Verarbeitung der Benachteiligung helfen.

Als Mittel der spielerischen *Selbstkommunikation* kann der Klient das Spiel dazu verwenden, in heilungsfördernder Weise unangenehme Erfahrungen zu verarbeiten oder realistischere Anpassungsformen an Außen- und Innenweltanforderungen zu finden. Er kann im Spiel seine internen Welt- und Selbstkonzepte an die Anforderungen der Außenwelt anpassen, oder er kann die Konzepte bzw. Schemata verändern, wenn sie zu begrenzt oder unrealistisch sind. Piaget (1969) nennt diese beiden Verarbeitungsformen: *Assimilation* und *Akkommodation*.

Von besonderer Bedeutung für das Verständnis einer heilungsfördernden Wirkung des Spielverhaltens ist das Schema-Konzept. *Schemata* werden als die grundlegenden Organisationsmuster psychischer Prozesse angesehen und steuern in zielgerichteter Weise die Handlungen des Individuums (s. a. Piaget 1969; Neisser 1979; Grawe 1987). In einem Schema werden gemäß der im vierten Kapitel vorgestellten Verhaltenstheorie (s. S. 50ff) alle Organisationsprozesse einer zielgerichteten Handlung abgebildet, also emotionale, kognitive und aktionale Prozesse. Das hier vertretene Schema-Konzept ist umfassender als das von Piaget und bezieht sich nicht nur auf die Kennzeichnung eines bestimmten Wahrnehmungsmusters, sondern auf die Beschreibung eines *energetisierten* und durchorganisierten *Wahrnehmungs-, Informationsverarbeitungs- und Entscheidungsprogrammes.* Im Schema werden alle Prozesse angegeben, die zur Durchführung einer bestimmten Handlung notwendig sind.

Das Schema-Konzept ist deshalb für das Verständnis einer heilungsfördernden Spielwirkung wichtig, weil in bestimmten Spieltätigkeiten – insbesondere denen des Konstruktions- und Phantasiespiels – bestimmte Komponenten von Schemata trainiert, korrigiert oder erweitert werden können. Das Spiel ermöglicht also ein *emotional-geistiges Probehandeln,* das mit dem des leisen oder lauten Denkens vergleichbar ist. Im Spiel der Spieltherapie können unter der Anleitung eines Therapeuten wie in einer „geistigen Werkstatt" alte Schemata ergänzt oder neue entwickelt werden; im ersten Fall spricht man von Assimilation und im zweiten Fall von Akkommodation. Eine Assimilation von Schemata liegt dann vor, wenn die wesentlichen Organisationskomponenten eines Handlungsprogrammes beibehalten und nur seine Anwendungsbereiche erweitert werden; eine Akkommodation liegt vor, wenn die Organisationskomponenten strukturell verändert werden.

Als ein anschauliches Beispiel für die Erklärung dieser Begriffe kann die Veränderung einer Wohnung gewählt werden. Werden die Struktureinheiten der Wohnung wie Wände, Leitungen, Fenster, Türen etc. beibehalten und wird nur eine Ummöblierung oder Umwidmung bestimmter Zimmer vorgenommen, so spricht man von Assimilation; werden hingegen die Struktureinheiten verändert, dann spricht man von Akkommodation.

Damit die Kinderklienten in einer Spieltherapie auch wirklich ihre wichtigsten Verhaltensschemata überprüfen und – wenn erforderlich – assimilatorisch oder akkommodatorisch erweitern bzw. verändern können, ist es wichtig, daß sie vor Beginn einer Therapie deren Zielsetzung erfahren. Ihre Eltern und ihr Therapeut müssen sie darüber informieren, daß sie in der Therapie lernen können, wie sie zukünftig ihr gestörtes Verhalten vermeiden und ein störungsfreies Verhalten zeigen können. Des weiteren sollten sie darauf hingewiesen werden, daß sie ein heilungsförderndes Verhalten besonders im Rahmen einer *spontanen, intrinsisch motivierten Spieltätigkeit* finden können und daß es deshalb nicht notwendig ist, sich vor Beginn der Spielstunde zu überlegen, welches Spiel sie spielen oder welche Probleme sie auf der spielerischen Ebene lösen wollen. Es genügt, wenn die Kinder ihren jeweiligen Spiellaunen folgen und nur das spielen, wozu sie auch wirklich im Moment Lust haben. Die geschilderten Empfehlungen für *eine heilungsfördernde Spieltätigkeit* ergeben sich aus praktischen und wissenschaftlichen Erkenntnissen der Spielforschung (s. Christie und Johnson 1983; Einsiedler 1985, 1989; van der Kooij 1985). Diese Erkenntnisse lassen sich m. E. gut auf die besondere Situation einer klientenzentrierten Spieltherapie übertragen, in der der Klient im hohen Ausmaß eigenständig lernen soll.

Die *Merkmale der Spieltätigkeiten zur Lernförderung* sollen im folgenden kurz aufgezählt werden:

1. *Freiheit* und *Eigenverantwortlichkeit* der Spielwahl, der Spielgestaltung und der Spannungsregulation;
2. *Spontaneität* und *intrinsische Motiviertheit* von Spielhandlungen, in deren Verlauf Schemata zur Bedürfnisbefriedigung und Problemlösung entwickelt und ausgebaut werden können. *Anregende Spielstimmung,* die durch Gefühlsoffenheit, geistiges Interesse und erhöhte Akzeptanz unangenehmer Gefühle gekennzeichnet ist;
3. *Bevorzugung von Phantasiespielen* zur Reproduktion innerer und äußerer Problemsituationen.

Die Bedeutsamkeit dieser Spielmerkmale für den Erwerb von heilungsfördernden Verhaltensweisen ist bisher nur z. T. empirisch für die Spieltherapie nachgewiesen worden (s. Schmidtchen u. a. 1977; Schmidtchen und Engbarth 1986; Buck u. a. 1989); hier bedarf es weiterer Forschungsarbeit. Vorläufig können die Merkmale nur als Anregungen zur Gestaltung einer Spieltherapie angesehen werden und als kennzeichnende Bedingungen – jedoch mit hypothetischem Charakter – für das Stattfinden heilungsfördernder Lernvorgänge im Klienten. Die einzelnen Merkmale sollen im folgenden ausführlich beschrieben werden.

2.1 Freiheit und Eigenverantwortlichkeit der Spielwahl

Das wichtigste heilungsfördernde Merkmal des Spiels in der klientenzentrierten Spieltherapie ist die *Freiheit und Eigenverantwortlichkeit der Spielwahl, der Spielgestaltung und der Spannungsregulation* (s. auch Schenk-Danzinger 1983, S. 370). Die Freiheit und Eigenverantwortlichkeit der Spielwahl und Spielgestaltung bedeutet, daß der Klient selbst bestimmen und entscheiden kann, wann, wie lange und womit er spielen will; welche Ziele er anstreben und welche Gefühle er ausdrücken will; wen er mitspielen läßt; wann er ein Spiel abbrechen und ein neues Spiel beginnen will, etc.

Nur das Kind kann nach Helanko (1958) entscheiden, welche seiner Handlungen einen Spielcharakter haben, so daß von außen manchmal

9

schwer zu sagen ist, ob das Kind bestimmte Tätigkeiten in einem Spielkontext ausübt oder in einem realitätsorientierten Rahmen. Der *Spielkontext* zeichnet sich durch einen phantasiemäßigen Als-ob-Charakter und eine Innenweltzentrierung aus und bedarf eines Schutzes gegen Außenweltanforderungen bzw. -störungen. Der phantasiemäßige Als-ob-Charakter ist zudem Ausdruck einer tranceartigen Bewußtseinslage, in der der Spieler Zugang zu seinem bild- und symbolhaften szenischen Gedächtnis hat und Informationen in nichtverbaler Weise verarbeiten kann (s. Revenstorf 1985a).

Die *nichtverbale Informationsverarbeitung* bezieht sich primär auf die Korrektur und Erweiterung von Schemata zur Bedürfnisbefriedigung bzw. Selbstverwirklichung und ist wegen ihres Phantasie- bzw. Vorstellungsgehaltes stark mit Gefühlen verknüpft. Insofern ist Spielen per se immer auch *gefühlsbetont*. Dieser Aspekt unterscheidet die bildhafte, szenische Informationsverarbeitung deutlich von der sprachlichen, in der gesellschaftlich vorgegebene Begriffe, Anforderungen und Regeln den Bedeutungsgehalt der Gefühle und damit der Erlebnisverarbeitung kanalisieren und einschränken.

Die *spielerische Informationsverarbeitung* hat gewisse Ähnlichkeiten mit einer träumerischen, wobei sie gegenüber der träumerischen den Vorteil hat, daß der Prozeß des konkreten Verarbeitungsgeschehens wegen seiner Sichtbarmachung im Spiel beobachtbar und beeinflußbar ist. Dies ist ein Vorteil, den die Verarbeitungstätigkeit des Träumens oder Denkens nicht bietet. Der Spielende läßt den Beobachter quasi an seinen privatesten Informationsverarbeitungsprozessen teilhaben. Deshalb ist die Spielbeobachtung und therapeutische oder pädagogische Spielbeeinflussung eine *hoch private Angelegenheit*, die sehr viel Vertrauen auf seiten des Spielers und sehr viel Diskretheit auf Seiten des Betrachters oder Beeinflussers erfordert.

Um die Besonderheit einer frei gewählten Spieltätigkeit noch deutlicher zu begreifen, kann man sich Situationen vorstellen, in denen Kinder auf Aufforderung bestimmte Spielthemen, mit bestimmten Spielzeugen, zu bestimmter Zeit und in bestimmter Weise „spielen" sollen. *Auftrags-Spiele* dieser Art ermöglichen nur begrenzt die soeben geschilderten vielfältigen internen Prozesse und entbehren insbesondere des unverfälschten Ablaufes der eigenständig motivierten, regulierten und korrigierten Informationsverarbeitung. Sie sind von außen vorgegeben und reguliert, und sie nehmen dem Klienten die Chance zur Selbstmotivation und Selbststeuerung. Sie nehmen aber auch dem Therapeuten die Chance, seinen Klienten authentisch, d. h. ohne Beeinflussung zu erleben. Damit wird die bèsondere Möglichkeit einer unverfälschten existentiellen Begegnung, z. B. im Sinne des Basic Encounters von Rogers (1974b), oder einer selbstregulierten geistigen Entwicklung (s. Piaget 1972) vergeben.

Die *Freiheit der Spannungsregulation* ist ein weiteres Charakteristikum eines freigewählten und selbstregulierten Spiels. Sie hat therapeutische Vorteile, da der Klient zwischen den Polen einer stärkeren und geringeren Spannung pendeln und damit ein *mittleres Aktivierungsniveau* anstreben kann. Dieses ist nach dem Yerkes-Dodson Gesetz günstig für Lernprozesse. Das Zirkulieren der Spannung zwischen starker und geringer Ausprägung hat Heckhausen (1964) als *Aktivierungszirkel* bezeichnet; um es zu ermöglichen, muß der Spieler einen *regiehaften Freiraum* in der Spielgestaltung haben. Verliert er diesen Freiraum, z. B. durch ein ungeschicktes therapeutisches Intervenieren oder durch ein Überfluten mit zu starken, bisher verdrängten Gefühlen, dann besteht die Gefahr, daß die spannungsregulierende Kreisbewegung und damit die angenehme Spielstimmung verloren geht. Das Spiel wird dann häufig abgebrochen.

Dieser Effekt ist von mir und meinen Mitarbeitern empirisch nachgewiesen worden. Schmidtchen u. a. (1977, S. 213) fanden, daß häufiges *Spielwechselverhalten* von Kindern in der Spieltherapie mit dem Zeigen von unangenehmen Gefühlen korreliert und einen einschränkenden Einfluß auf die Verbesserung des Denk- und Sozialverhaltens am Ende der Therapie hat.

Die immer wieder von Neuem aufzubauende Spannung – nach einem Spannungsabfall – wird im Rahmen des Aktivierungszirkels bis zu einem Grad durch eine leichte Modifikation der Zielsetzung der Spielhandlung erreicht. Sie bringt ein bestimmtes Ausmaß von *Unbestimmtheit* in die bisherige Spielhandlung, die das *Neugierverhalten* und damit die Anspannung stimuliert. Heckhausen (1964, S. 241) hat diese Erkenntnis benutzt, um auf den Aspekt einer gewissen „Zweckfreiheit" des Spieles hinzuweisen. Themen und Spielmittel werden – wie im Musikstück einer Fuge – häufig allein deshalb variiert, um immer wieder von neuem die Neugierde und Aufmerksamkeit anzuregen.

Aus diesen Gründen hat man häufig den Eindruck, daß die Spielmittel über das Spielergebnis dominieren und daß die Spiele ziel- oder zwecklos sind. Dieser Eindruck stimmt nur insofern, als der Spieler wegen der Notwendigkeit einer optimalen Spannungsgestaltung zuweilen einzelne Unterziele einer Spielhandlung variieren muß und nicht direkt und so schnell wie möglich ein bestimmtes Spielziel anstreben kann; er besagt aber nicht, daß eine Spielhandlung in ihrer primären Intention ziellos ist. Wäre sie dies, dann hätte sie keine assimilatorische und akkommodatorische Funktion. Eigene empirische Analysen bestimmter Spielhandlungen in der Spieltherapie haben eindeutig gezeigt (s. Schmidtchen 1978a; Buck u. a. 1989), daß u. a. Ziele der Bedürfnisbefriedigung oder Problemlösung angestrebt werden (s. S. 20ff).

2.2 Spontaneität, intrinsische Motiviertheit und anregende Spielstimmung

Ein weiteres wichtiges Merkmal des heilungsfördernden Spiels in der Spieltherapie ist die *Bevorzugung spontaner, intrinsisch motivierter Spielhandlungen.* Um die Therapieziele einer seelischen Wachstumsförderung und Verbesserung des Problemlösungsverhaltens anzustreben, ist es wichtig, daß der Klient Spieltätigkeiten wählt, die spontan und intrinsisch (d. h. von innen heraus) motiviert sind und die die Zielsetzung haben, differenzierte Handlungsschemata zur Befriedigung wichtiger Grundbedürfnisse und zur Lösung von Problemen in den verschiedensten Umweltsituationen zu erwerben. Der Aspekt der Spontaneität und intrinsischen Motiviertheit garantiert bis zu einem gewissen Ausmaß, daß nur Spielthemen und Verhaltensschemata gewählt werden, die den Klienten wirklich beschäftigen und nicht Themen und Schemata, die primär der Therapeut für wichtig hält.

Durch das Primat der intrinsischen Motiviertheit wird zudem gewährleistet, daß der Klient in der Therapie Erfahrungen macht, die dem Konzept des *selbstentdeckenden Lernens* (s. Piaget 1972; Neber 1975; Hoppe 1983) oder dem des *erfahrungsmachenden und bedeutungsschaffenden Lernens* entsprechen. Dieses Lernen wird von Rogers (1974a, S. 13) wie folgt beschrieben:

- *„Es schließt persönliches Engagement ein;* die ganze Person steht sowohl mit ihren Gefühlen als auch mit ihren kognitiven Aspekten im Lernvorgang.
- *Es ist selbst initiiert;* sogar dann, wenn der Antrieb oder der Reiz von außen herrührt, kommt das Gefühl des Entdeckens, des Hinausgreifens, Ergreifens und Begreifens von innen.
- *Es durchdringt den ganzen Menschen;* es ändert das Verhalten und die Einstellungen; vielleicht sogar die Persönlichkeit des Lernenden.
- *Es wird vom Lernenden selbst bewertet;* er weiß, ob es sein Bedürfnis trifft, ob es zu dem führt, was er wissen will, ob es auf den von ihm erlebten dunklen Fleck der Unwissenheit ein Licht wirft. Wir könnten sagen, daß der geometrische Ort des Bewertens zweifelfrei im Lernenden selbst liegt.
- *Sein wesentliches Merkmal ist Sinn;* wenn ein derartiges Lernen stattfindet, dann ist in der gesamten Erfahrung enthalten, daß der Lernende Sinn darin sieht."*

Erste empirische Untersuchungen haben ergeben, daß die Merkmale der Spontaneität, intrinsischen Motiviertheit, freien Spielwahl (bzw. Selbstinitiiertheit), persönlichen Engagiertheit und Sinnhaftigkeit der Spielprozesse

wirklich zu *selbsterweiternden Spielhandlungen* führen. In einer Erkundungs-
studie meiner Arbeitsgruppe (s. Buck u. a. 1989, S. 353) konnte nachgewiesen
werden, daß im Rahmen von drei erfolgreich abgeschlossenen Spieltherapien
zwischen 98 und 99% der Spielzeit folgende Spielziele angestrebt wurden, die
eng mit der Erweiterung des Selbstkonzeptes (bzw. dessen Schemata) in Beziehung stehen:
1. Suche nach sozialer Bindung; 2. sich selbst als Verursacher erleben;
3. Auseinandersetzung mit der sozialen Umwelt; 4. seine Kreativität ausdrük-
ken; 5. Suche nach sensorischer und motorischer Erfahrung; 6. Suche nach
oraler Befriedigung; 7. Vergleiche mit anderen Personen; 8. Versuch, die Sachumwelt geistig zu erfassen; 9. Streben nach Wertschätzung; 10. Vertreten
eigener Interessen; 11. Auseinandersetzung mit dem eigenen Selbstbild;
12. Exploration der Umwelt; 13. Streben nach Ruhe und Entspannung; 14. Erleben und Begreifen der eigenen Sexualität.

Des weiteren wurde gefunden, daß sich die Klienten eigenständig mit ihrem
gestörten Verhalten beschäftigten und daß sie in hohem Ausmaß Störungsbewältigungsverhalten entwickelten (s. S. 25).

Eine weitere heilungsfördernde Spielbedingung ist das *Aufsuchen
einer anregenden Spielstimmung,* die durch *Gefühlsoffenheit, geistiges
Interesse* und *erhöhte Akzeptanz unangenehmer Gefühle* gekennzeichnet ist. Sie ermöglicht ein Lernklima, in dem neue Erfahrungen
gemacht und alte nacherlebt oder korrigiert werden können. Die angenehme Spielstimmung ist besonders für die intensive spielerische
Beschäftigung mit alten und neuen Verhaltensschemata wichtig. Ihr
Vorhandensein korreliert signifikant mit dem Abbau von Verhaltensstörungen (s. Schmidtchen und Engbarth 1986).

2.3 Bevorzugung von Phantasiespielen

Von allen möglichen Spielformen wie z. B. dem Funktions-, Konstruk-
tions- oder Regelspiel (Näheres s. Schenk-Danzinger 1983, S. 369) ist
das *Phantasiespiel* für die Assimilation und Akkommodation von
Schemata von größter Bedeutung. Diese Spielform ist geistig am an-
spruchsvollsten, und in ihr werden in szenischer Weise Vorstellungsbilder, Einsichten (Kognitionen), Wissensinhalte und Erlebnisse in
zielgerichteter Weise sinnvoll miteinander kombiniert. Häufig wird
das Phantasiespiel auch als Illusions-, Fiktions-, Symbol- oder Imagi-
nationsspiel bezeichnet.

Einsiedler und Bosch (1986, S. 2) kennzeichnen das Phantasiespiel
durch Spieltätigkeiten, „... bei denen Kinder konkrete Materialien
benutzen oder Handlungen und Situationen hervorbringen, die als
Zeichen für gedachte, in der Phantasie repräsentierte Materialien,
Handlungen und Situationen stehen". Unter dem Terminus Phanta-

siespiel werden auch Spieltätigkeiten eingeordnet, die unter dem Begriff „Make-believe" beschrieben werden; aber auch soziodramatische Spiele (s. Yablonsky 1978) gehören zu den Phantasiespielen.

Wie aus der Definition von Einsiedler und Bosch hervorgeht, ist die *Dekontextualisierung,* d. h. die Loslösung der Spielmaterialien und Spielhandlungen von der Realität, eine wichtige Komponente des Phantasiespiels. Sie hat sich als zentrales Konzept für die Erklärung von Entwicklungsfortschritten durch Phantasiespiele erwiesen (s. Einsiedler und Bosch 1986, S. 15 ff.).

In der Spieltherapie interessieren neben Phantasiespielen zur Bedürfnisbefriedigung insbesondere Phantasiespiele, in denen der Klient seine *Problemlösungsfertigkeiten* erprobt. Diese Form der Spieltätigkeit wird in der Spielliteratur insbesondere von Erikson (1968, S. 206) beschrieben. Danach ist das Phantasiespiel eine „Funktion des Ichs", die durchgeführt wird, um „... die körperlichen und sozialen Prozesse mit dem Selbst in Einklang zu bringen". – An anderer Stelle (s. S. 216) definiert Erikson das Ziel des problemlösenden und experimentierenden Spiels wie folgt: „Das Spiel des Kindes ist die infantile Form der menschlichen Fähigkeit, Modellsituationen zu schaffen, um darin Erfahrungen zu verarbeiten und die Realität durch Planung und Experiment zu beherrschen."

Mittlerweile liegen einige wenige empirische Untersuchungen zur Verbesserung der Problemlösungskompetenz durch Spieltätigkeiten vor (s. Sylva u. a. 1976, S. 244 ff.; Christie und Johnson 1985, S. 75 ff.); sie belegen, daß *unbeeinflußte Problemlösungsspiele* die generelle Problemlösungsfähigkeit verbessern können. Eigene Untersuchungen über die Effekte von Problemlösungsspielen im *beeinflußten* Spiel der Spieltherapie haben ebenfalls deutliche Verbesserungen der generellen und speziellen Problemlösungsfertigkeiten ergeben (s. Schmidtchen 1978 a; Buck u. a. 1989).

Da die Fähigkeit zur Dekontextualisierung bzw. Symbolbildung nach Piaget (1969) erst vom circa dritten Lebensjahr an entwickelt ist, hat die *Spieltherapie mit jüngeren Kindern* einen geringeren Einfluß auf die Entwicklung geistiger Komponenten von Schemata. Statt dessen beeinflußt sie die *senso-motorischen Komponenten der Schemata* durch das Ausführen von Funktions-, Explorations- und Konstruktionsspielen. Geistig anspruchsvollere Spieltätigkeiten können nach Piaget erst vom circa fünften Lebensjahr an durchgeführt werden, weil dann die kognitive Reifung der geistigen Strukturen vorhanden ist und entsprechende Lern- und Spielanregungen aus der Umwelt, insbesondere dem Kindergarten und der Grundschule, vorliegen (Näheres zum Zusammenhang zwischen der geistigen Entwicklung und der Wahl geeigneter Spielformen, s. Stuckenhoff 1983, S. 181 ff.; Schenk-Danzinger 1983, S. 369 ff. und Oerter 1987, S. 216).

Es ist also vom chronologischen und *geistigen Entwicklungsalter* des Kindes abhängig, welche Spielformen eine heilungsfördernde Wirkung haben können. Generell gilt, daß bei jüngeren Kindern der senso-motorische, d. h. *funktionsübende Aspekt* im Vordergrund steht und bei älteren Kindern, vom circa fünften Lebensjahr an, der *informationsverarbeitende Aspekt* in Form von Assimilations- und Akkommodationsprozessen. Das Vorhandensein geistiger Fähigkeiten macht es auch erst möglich, daß Kinder in der Spieltherapie *Problemlösungsverhalten* für ihr seelisch gestörtes Verhalten lernen können; jüngere Kinder können dies in der Spieltherapie noch nicht. Will man ihre seelischen Störungen problembezogen behandeln, so kann man dies primär in der Familientherapie tun (s. Kap. 6). Im Rahmen der Spieltherapie hingegen kann vorwiegend die senso-motorische und sozialemotionale Entwicklung jüngerer Kinder gefördert werden.

Generell sollte man sich jedoch bewußt sein, daß das Spielverhalten nicht mit einem realitätsbezogenen Verhalten gleichzusetzen ist, so daß therapeutische Veränderungen im Spielverhalten einen *Erfahrungstransfer* von der Spiel- zur Realitätsebene erfordern. Dieser wird in der Spieltherapie dadurch hergestellt, daß der Klient während und nach der Spieltätigkeit aufgefordert wird, wichtige Schemaveränderungen in der Realität der Außenwelt zu erproben (s. S. 115 f.).

In den folgenden Kapiteln sollen Überlegungen und Handlungsweisen beschrieben werden, mit deren Hilfe man die geschilderten heilungsfördernden Merkmale der Spieltätigkeiten für eine Psychotherapie von Kindern nutzen kann. In allen Kapiteln wird immer wieder auf die bedeutsamen Merkmale der *Freiheit und Eigenverantwortlichkeit* der Spielwahl, Spielgestaltung und Spannungsregulation hingewiesen, der *Spontaneität und intrinsischen Motiviertheit* und der *Bedeutung von Phantasiespielen*. Es wird deutlich gemacht, welche Ziele mit einer Spieltherapie erreichbar sind und welchen Stellenwert das Spielverhalten im Rahmen einer allgemeinen Verhaltens- und Störungskonzeption hat; des weiteren wird geschildert, wie das Diagnostik- und Interventionsgeschehen in der Spiel- und Familientherapie aussieht.

3. Ziele und Effekte
der Spiel- und Familientherapie

Die Ziele der Spiel- und Familientherapie beziehen sich erstens auf die *Förderung eines allgemeinen Wachstums- bzw. Entwicklungsverhaltens* und zweitens auf die *Förderung von Störungsbewältigungsverhaltensweisen.*

Mit dieser doppelten Zielsetzung soll erreicht werden, daß den besonderen Entwicklungsbedingungen von Kindern Genüge getan wird und daß das gestörte psychische und psychosomatische Verhalten des Kindes abgebaut wird. Es handelt sich also im gewissen Sinne um eine *therapeutische* und *sozialisatorische* (bzw. *pädagogische*) Zielsetzung. Sie ist typisch für Kinderpsychotherapien und unterscheidet diese von Erwachsenenpsychotherapien.

Im folgenden sollen die beiden Zielarten näher vorgestellt und diskutiert werden. Pro Zielart soll des weiteren verdeutlicht werden, wie sie in Form von Unterzielen im Verlauf der Spieltherapie auftreten kann und welche empirischen Effektbefunde vorliegen.

3.1 Förderung des seelisch-geistigen Wachstumsverhaltens

Die Förderung des seelisch-geistigen Wachstumsverhaltens geschieht mit dem Ziel, die reifungsmäßig vorhandenen emotionalen, sensomotorischen, instrumentellen, sozialen und kognitiven Handlungsfertigkeiten des Kindes zur angemessenen Bewältigung bestimmter Umweltanforderungen zu üben und zu entwickeln. Dabei bestimmt die umweltbezogene Ausbildung der Fertigkeiten den hier verwendeten Wachstumsbegriff.

Seelisch-geistiges Wachstum wird als ein vom Selbst- und Umweltgeschehen gesteuerter Lernprozeß gesehen, der bestimmte bedürfnismäßig und soziokulturell vorgegebene Ziele anstrebt; durch das Anstreben dieser Ziele wird das Individuum mit seiner Umwelt verbunden (s. Oerter 1987, S. 120) und wächst als eine sozial eingebundene Person heran (s.a. Stierlin u.a. 1985). Im Rahmen dieser

Entwicklung kann ein Kind zunehmend eigenständiger werden und seine ihm von der Umwelt gestellten Aufgaben bewältigen. Es kann seine Selbstanlagen und -potenzen entfalten und sich dem entwicklungspsychologischen Ideal einer *„voll handlungsfähigen Person"* (s. Rogers 1959) annähern.

Das Konzept der voll handlungsfähigen Person entstammt der humanistischen Persönlichkeitspsychologie von Maslow (1981) und ist von Rogers als eine globale Zielprojektion des *Selbstwachstums* angesehen worden. Obwohl die einzelnen Charakteristika dieser Zielprojektion vorwiegend für einen Erwachsenen gelten, sollen sie im folgenden kurz vorgestellt werden.

Nach Rogers (1959, S. 234f) hat eine voll handlungsfähige Person folgende Eigenschaften:

1. Sie ist *offen für ihre Erfahrungen* und zeigt keine psychischen Verteidigungs- bzw. Abwehrhaltungen.
2. Alle gemachten *Erfahrungen sind der Wahrnehmung und dem Bewußtsein* (bzw. der Informationsverarbeitung)* zugänglich.
3. Alle *Symbolisierungen* (im Rahmen der Informationsverarbeitung)* sind so exakt, wie es das Erfahrungsmaterial erfordert.
4. Ihre *Selbststruktur* ist mit ihrer *Erfahrung kongruent.*
5. Ihre *Selbststruktur* ist eine *fließende Gestalt,* die ihre Form im Prozeß der Assimilation neuer Erfahrung verändert.
6. Sie erlebt sich selbst als den *Ort ihrer Bewertungen* und der Bewertungsprozeß geschieht von innen, aus dem Organismus heraus.
7. Sie *bewertet* ihr Verhalten *nicht aufgrund von persönlichkeitsfremden Erfahrungen* und erlebt deshalb eine bedingungslose Selbstwertschätzung.
8. Sie begegnet jeder Situation mit einem *einmaligen und kreativen Verhalten,* das der *Neuheit des Momentes angemessen* ist.
9. Sie kann ihren *persönlichen organismischen Bewertungsprozeß* als einen *Führer zum Erreichen einer maximal möglichen Befriedigung* benutzen, weil:
   a) *alle Erfahrungen verfügbar* sind und *verarbeitet* werden;
   b) *keine Erfahrung* entstellt oder *verleugnet* wird;
   c) die Effekte des Verhaltens *angemessen rückgemeldet* werden;
   d) das Nichterreichen einer maximal möglichen Befriedigung aufgrund mangelnder Informationsverarbeitung durch eine *Realitätstestung* korrigiert wird.
10. Sie lebt mit anderen Menschen in *hohem Ausmaß von Harmonie* zusammen, weil sie *anderen mit Wertschätzung begegnen kann* und diese von den anderen wieder zurück bekommt.

Überträgt man dieses Zielkonzept auf Kinder, so können die geschilderten Eigenschaften der vollen Handlungsfähigkeit nicht für alle Handlungen des Kindes in allen möglichen Anforderungssituationen

---

* Klammerergänzung durch Schmidtchen

gelten, sondern nur für die Handlungen, die den Entwicklungsmöglichkeiten des Kindes und realistischen Umweltanforderungen entsprechen (s. Montada 1987, S. 414 ff).

Seelisches Wachstum ist also als ein *prozeßhafter Vorgang* anzusehen, der dadurch gekennzeichnet ist, daß sich der entwicklungsbereite Mensch immer wieder neue Aufgaben sucht oder stellen läßt, die ihn zu immer differenzierteren Formen der Selbstentfaltung führen. Dabei ist der Wachstumsprozeß nie abgeschlossen und verändert sich in jeder neuen Anforderungssituation schrittweise von einer geringen zu einer vollen Handlungsfähigkeit. Es findet also immer wieder von Neuem ein Durchlaufen von Zuständen der Inkompetenz zu Zuständen der Kompetenz statt.

Seelisches Wachstum drückt sich sehr deutlich in der *Entwicklung der Person bzw. ihren Selbstkonzepteigenschaften* aus.

Nach Neubauer (1976, S. 36 f) stellt das *Selbstkonzept* die kognitive Repräsentanz der eigenen Person dar, nämlich das „Selbst als Objekt" (s. Vernon 1964). Es umfaßt alle jene gespeicherten Informationen, die sich in Form von Schemata zur eigenen Person oder zur Person-Umwelt-Beziehung gebildet haben und die den eigenen *Körper* betreffen; die *Bedürfnisse* der Person und die Art ihrer Befriedigung; die *Fähigkeiten und Kenntnisse*; die *Besitztümer*; die *Wertmaßstäbe* sowie das Wissen über wichtige *Interaktionspartner* etc.

Der Begriff *Selbstkonzept* ist irreführend, weil er suggeriert, daß es *ein* zusammenhängendes Einheitskonzept gibt. Statt dessen besteht das Selbstkonzept aus einer Fülle von *Teilkonzepten,* die, insbesondere bei Kindern, sehr unterschiedlich entwickelt sein können. Hinzu kommt, daß die Teilkonzepte des Selbst durch den Gewinn neuer Erfahrungen beständig in Veränderung sind, so daß es nie einen abschließend definierbaren Rahmen von Selbstkonzeptannahmen gibt. Das Selbst ist also beständig in Veränderung begriffen.

Die Spieltherapie ist für ein Kind ein idealer Raum, um die verschiedenen Teilkonzepte seines Selbst zu überprüfen, zu integrieren und – wenn nötig – zu verändern. Dies geschieht im Rahmen der Spielbehandlung unter der Mithilfe des Therapeuten. In der Als-ob-Realität des Spiels kann der Klient ohne Realitätsdruck ausprobieren, welche Konzepte seines Selbst er überprüfen oder verändern will. Er kann dabei realistische Konzeptannahmen „durchspielen" oder utopische, die mehr seinen Wunschbildern entsprechen; auch kann er unvollständige oder fehlerhafte Schemata zur Selbstverwirklichung erproben.

3.1.1 Spezielle wachstumsfördernde Ziele

Im folgenden möchte ich einige wichtige soziale, emotionale, geistige und instrumentelle Kompetenzen des Selbsterlebens und der Selbstrealisierung von Kindern anführen, die bei mangel- oder fehlerhafter Ausprägung durch Spiel- und Familientherapie verbessert werden können. Die Kompetenzen sind von Maslow (1981, S. 179ff) als *Ziele einer gesunden Persönlichkeitsentwicklung* beschrieben worden. Sie ähneln den Zielen einer „voll handlungsfähigen Person", weisen aber ergänzende Besonderheiten auf:

Ziele einer gesunden Persönlichkeitsentwicklung nach Maslow:
– bessere Wahrnehmung der Realität und bequemere Beziehung zu ihr;
– größere Akzeptierung des Selbst, der Anderen und der Natur;
– mehr Spontaneität, Einfachheit und Natürlichkeit;
– größeres Interesse an der Lösung von Problemen;
– stärkeres Bedürfnis nach Privatheit und größeres Bemühen um Objektivität;
– Streben nach Autonomie, Unabhängigkeit von Kultur und Umwelt (Widerstand gegen Anpassung), willensmäßige Durchsetzung und aktives Handeln;
– unverbrauchte und naive Wertschätzung für Personen, Geschehnisse und Phänomene der Welt;
– Suche eines Gemeinschaftsgefühls und Anstreben interpersonaler Beziehungen auf demokratischer Basis;
– Suche nach Grenzerfahrungen und mystischer Erfahrung;
– sichere Unterscheidung zwischen „Gut" und „Böse" und „Mittel" und „Zweck" von Handlungen;
– Bemühen um einen philosophischen, nicht feindseligen Humor;
– Bemühen um eine kreative Selbstverwirklichung.

Obwohl Maslow diese Kompetenzen im Leben berühmter *erwachsener* Menschen gefunden hat (u. a. Einstein, Schweitzer, Franklin usw.), können sie als *orientierende Hinweise* auch für Psychotherapieziele von Kindern gelten; denn zwischen einem gesunden seelischen Verhalten von Erwachsenen und dem von Kindern bestehen keine prinzipiellen Unterschiede, weil viele Eigenschaften des Erwachsenen bereits in der Kindheit erworben worden sind und weil ein seelisch gesundes Kinderleben die beste Voraussetzung für ein seelisch gesundes Erwachsenenleben ist (s. a. Hurrelmann 1988).

Neben diesen relativ allgemeinen, situationsunabhängigen Kompetenzen lassen sich jedoch auch spezifischere Kompetenzen nennen, die Kinder in der Interaktion mit ihren Eltern und der Umwelt lernen müssen, um seelisch wachsen zu können. Diese werden im folgenden in Form eines Kataloges von *Kompetenzen zur Bedürfnisbefriedigung* vorgestellt.

Katalog von Kompetenzen zur Bedürfnisbefriedigung
Für folgende Bedürfnisse von Kindern und Erwachsenen müssen Kompetenzen zum Erleben, Anmelden, aktiven und passiven Befriedigen, Aufschieben, Sublimieren etc. entwickelt werden. Dabei ist darauf zu achten, daß die Art der eingesetzten Kompetenzen (und der sie leitenden Schemata) vom Zustand des Organismus und der Außenwelt abhängig ist, denn nicht in jeder Außenweltsituation kann jedes Bedürfnis eines Individuums befriedigt werden.

Die im Katalog angeführten Bedürfnisse entstammen im wesentlichen dem Konzept von Erikson (1966), Maslow (1981) und Schmidtchen (1989 a); sie lassen sich z. T. auch durch Befunde der modernen Entwicklungspsychologie (s. Oerter und Montada 1987; Keller 1989) belegen.

1. **Kompetenzen zur Befriedigung von physiologischen Bedürfnissen:**
   a) angemessene Essens- und Trinkgewohnheiten;
   b) angemessene Schlafgewohnheiten;
   c) angemessene Entspannungsgewohnheiten;
   d) angemessene senso-motorische Stimulationsgewohnheiten;
   e) angemessene Balancierung des Wach-Ruhe-Rhythmus;
   f) problemlose, selbstgesteuerte Ausscheidung von Kot und Urin;
   g) kindgemäßes Erleben von Sexualität etc.

2. **Kompetenzen zur Befriedigung von Sicherheits- und Ordnungsbedürfnissen:**
   a) Erleben von fürsorgerischer Sicherheit;
   b) Erleben von familiärer Geborgenheit;
   c) Erleben von Schutz vor Gefahren und seelischen Bedrohungen;
   d) Erleben angemessener äußerer und innerer Strukturen und Grenzen etc.

3. **Kompetenzen zur Befriedigung von Bedürfnissen nach Empathie (Verständnis), Bindung und Liebe:**
   a) Erleben angemessener, nichtverbaler und verbal geäußerter Empathie;
   b) Erleben einer angemessenen dialogischen Kommunikation;
   c) Erleben einer sicheren Bindung an Eltern und Freunde;
   d) Erlebnis der Intimität des Geliebtwerdens und Liebens etc.

4. **Kompetenzen zur Befriedigung von Bedürfnissen nach Wertschätzung und Eigenständigkeit:**
   a) Erleben einer hohen und stabilen seelisch- und körperlich-bezogenen Wertschätzung durch andere;
   b) Erleben einer hohen und stabilen seelisch- und körperlich-bezogenen Selbstwertschätzung;

c) Fähigkeiten zur angemessenen Abgrenzung und sozialen Eigenständigkeit (Autonomie) etc.

5. **Kompetenzen zur Befriedigung von Bedürfnissen nach Leistung in Spiel und Arbeit und nach Ich-Wirksamkeit (bzw. Kontrolle):**
   a) Fähigkeiten zu freudvollem Spiel und befriedigender Arbeit (Leistung);
   b) Fähigkeiten zur Ich-Wirksamkeit und Kontrolle über innere und äußere Ereignisse;
   c) Fähigkeiten zur Problemlösung etc.

6. **Kompetenzen zur Befriedigung von Bedürfnissen zur Bildung von Selbstkonzeptannahmen und zum Erwerb metaphysischer Erfahrungen:**
   a) Entwicklung differenzierter, von anderen abgegrenzten Erfahrungen über sein Selbst;
   b) Fähigkeiten zur Bildung, Verwirklichung und Modifikation von Selbstkonzeptannahmen;
   c) Fähigkeiten zur geistigen Auseinandersetzung mit den Dingen und Geschehnissen der Welt und zur Unterscheidung von „gut" und „böse" oder „richtig" und „falsch" etc.
   d) Fähigkeiten zur „glaubensmäßigen" Erfassung des Weltgeschehens etc.

Nach Erikson (1966) und Maslow (1981) sind die genannten Kompetenzen bzw. die sie auslösenden Schemata eng miteinander verzahnt und bauen aufeinander auf; aus diesem Grunde wird auch zwischen Frühformen und Spätformen ihrer Ausprägung unterschieden. Kinder müssen im Verlauf ihrer Sozialisation lernen, wie sie diese zahlreichen Kompetenzen zur Bedürfnisbefriedigung in den verschiedensten Anforderungssituationen ihres täglichen Lebens erfolgreich einsetzen können. Zeigt es sich später, daß die erzielte Bedürfnisbefriedigung ungenügend ist, so müssen sie an der Erweiterung ihrer Kompetenzen arbeiten. Dies kann im mühsamen Miteinander einer Gruppen- oder Familientherapie oder im Rahmen einer Einzel-Spieltherapie geschehen.

Die einzelnen Kompetenzen sollen bis auf eine Ausnahme nicht näher kommentiert werden; ihre Aufzählung soll für sich selbst sprechen. Jedoch ist anzumerken, daß der Katalog beliebig ergänzt werden kann und daß die Kompetenzen erheblich differenzierter beschreibbar sind.

Einige Bemerkungen möchte ich aber im folgenden zum *Erwerb metaphysischer Kompetenzen* machen. Ich bin der Meinung, daß sich insbesondere Kinder mit philosophischen Fragen (z. B. nach der Entstehung der Welt oder nach einem Weiterleben nach dem Tod etc.) auseinandersetzen wollen und daß sie durch ihre *Fähigkeit zum Glauben* stärker als Erwachsene in der Lage sind, religiöse Erfahrungen in Form einer glaubensmäßigen Erfassung wichtiger Seinsfragen zu machen. Man sollte deshalb viel intensiver als in unserer heutigen Zeit die metaphysischen Motive der Kinder (und Jugendlichen) befriedigen und die *sinngebende Erziehung und Therapie* nicht nur auf Alltags-, sondern auch auf religiöse und philosophische Anforderungen ausdehnen. Dabei ist es wichtig, die Erkenntnisse in altersadäquater Weise mitzuteilen und nicht in der hochabstrakten Sprache des späten Erwachsenenalters. Die Unterweisung sollte anschaulich, sprachlich einfach und unter der Verwendung von Bildern, Legenden, Geschichten und Metaphern geschehen.

3.1.2 Empirische Effekte der Wachstumsförderung durch Spieltherapie

Im folgenden soll dargestellt werden, welche der Kompetenzen erfolgreich durch Psychotherapie verbessert werden konnte. Zu diesem Zwecke möchte ich empirische Untersuchungen anführen, in denen hauptsächlich mit Kindern gearbeitet wurde und in nur beschränktem Ausmaß mit der Familie. Damit möchte ich insbesondere die *therapeutische Wirksamkeit der Spieltherapie* dokumentieren. Aussagen zu Effektstudien einer alleinigen Familientherapie sind bei Schmidtchen (1989a) nachzulesen.

Sowohl in Prozeß- als auch Outcomestudien zur Spieltherapie hat es sich gezeigt, daß in der Spieltherapie wachstumsfördernde Schemata von Kompetenzen gelernt und geübt werden. So konnten Buck u. a. (1989, S. 353) in einer *Prozeßstudie* über die Auftretensart und -häufigkeit von kindlichen *Spielmotiven* im Rahmen von Einzelfallstudien über drei erfolgreiche Spieltherapien mit neunjährigen Kindern nachweisen, daß die Kompetenzen zur Selbsterweiterung die Hauptmotive der Spieltherapie sind. Dabei standen folgende Motive mit der in Klammern angegebenen prozentualen Häufigkeit im Vordergrund des kindlichen Spielinteresses (s. a. S. 13):

1. Sich selbst als Verursacher erleben (17–27%)
2. Suche nach sozialer Bindung (20–22%)
3. Auseinandersetzung mit der sozialen Umwelt (9–15%)
4. Ausdrücken seiner Kreativität (5–18%)
5. Suche nach sensorischer und motorischer Erfahrung (5–11%)

6. Suche nach oraler Befriedigung (1–9%)
7. Vergleiche mit anderen Personen (2–6%)
8. Versuch, die Sachumwelt geistig zu erfassen (0,2–8%)
9. Streben nach Wertschätzung (2–5%)
10. Vertreten eigener Interessen (2–3%)
11. Auseinandersetzung mit seinem Selbstbild (1–5%)
12. Explorieren der Umwelt (1–4%)
13. Streben nach Ruhe und Entspannung (0,4–3%)
14. Erleben und Begreifen der eigenen Sexualität (0,2–3%)

Ordnet man diese Motive dem obigen Bedürfniskatalog zu, so wird sichtbar, daß fast alle der im Katalog angeführten Bedürfnisse im Spielverhalten der Spieltherapie aufgetreten sind. Dabei ist zu berücksichtigen, daß im Rahmen dieser Operationalisierung primär nur die *aktive Komponente* des Befriedigungsverhaltens erfaßt werden konnte und nicht die passive, die sich z. B. in der Befriedigung der Bedürfnisse nach Sicherheit, einfühlendem Verständnis, Liebe, Wertschätzung etc. ausdrückt. Obwohl in der Spieltherapie auch Kompetenzen zur Befriedigung dieser Bedürfnisse erworben werden, ließen sich diese aufgrund versuchsplanerischer Einschränkungen nicht nachweisen.

Weitere empirische Studien zum Kompetenzerwerb in der Spieltherapie haben ergeben, daß die Kinder mit zunehmendem Verlauf der Spieltherapie häufiger *aktives und passives Kontaktverhalten* zeigen; häufiger *Gefühle verbal und nichtverbal* ausdrücken; häufiger *angenehme* und weniger häufig *unangenehme Gefühle* äußern und vermehrt *Probleme lösen* (s. Schmidtchen 1976, S. 357; Schmidtchen 1978a, S. 185f). Diese therapieinternen Effekte ließen sich z. T. auch außerhalb des Therapiesettings in sogenannten Outcomestudien (s. Schmidtchen 1989a, S. 91f) nachweisen. Dabei fand man, daß sich vorwiegend soziale, emotionale und intellektuelle Entwicklungsrückstände bzw. Wachstumsstörungen zum Teil durch Spieltherapie kompensieren ließen (ausführlicher s. S. 26).

Im folgenden soll das zweite globale Behandlungsziel, die Förderung des Störungsbewältigungsverhaltens, näher besprochen werden.

3.2 Förderung des Störungsbewältigungsverhaltens

Eine Behandlung kindlicher Störungen durch Spiel- und Familientherapie beginnt immer damit, daß im Rahmen der Therapiediagnostik (s. Kap. 5) die Symptomatik des Kindes detailliert erfaßt wird. Dies geschieht mit Hilfe der *Individuellen Problemliste* (s. S. 152). In dieser Liste werden gemeinsam mit den Eltern oder Erziehern *die* Verhaltensprobleme beschrieben, die das Kind außerhalb der Therapie aufweist und die zum Aufsuchen eines Kindertherapeuten geführt haben. Für jedes Problem wird des weiteren eine Beurteilung des Belastungsgrades des Kindes und der Umwelt durch die Störung vorgenommen. Es ist das Ziel der Therapie, das Problemverhalten so abzubauen, daß es nicht mehr belastend für das Kind und die Umwelt ist

3.2.1 Art des therapierbaren gestörten Verhaltens

In der Spiel- und Familientherapie lassen sich alle Arten von seelischen und seelisch-körperlichen Störungen behandeln, die sich nach dem Multiaxialen Klassifikationsschema für kindliche Störungen (s. Remschmidt und Schmidt 1977; vgl. a. Schmidtchen 1989a) auf *klinisch-psychiatrische Syndrome und Entwicklungsrückstände* beziehen. Aus der Gruppe der klinisch-psychiatrischen Syndrome lassen sich insbesondere *spezifische emotionale Störungen* wie Angst, Furchtsamkeit, Beziehungsschwierigkeiten, *akute Belastungs- und Anpassungsreaktionen* und *neurotische Störungen* mit Spiel- und Familientherapie behandeln. Innerhalb des weiten Bereichs von *Entwicklungsrückständen* sind insbesondere emotionale, senso-motorische, kognitive und soziale Retardierungen mit einer kombinierten Spiel- und Familientherapie erfolgreich beeinflußbar.

Als Beispiel für die Art von psychischen Störungen, die sich durch Spiel- und Familientherapie behandeln lassen, können Störungen dienen, die sechs- bis neunjährige Kinder meines letzten Therapieforschungsprojektes aufwiesen (s. Hennies 1988, S. 61 ff). Es sind Störungen, die von den Eltern und Erziehern der Kinder in einer Kindertagesstätte genannt wurden und die sich zu 70–100% durch Spiel- und Familientherapie abbauen ließen. Folgende Probleme traten auf:

Probleme im personalen Bereich:
– Schwierigkeiten, Gefühle zu zeigen;
– fassadenhaftes, stereotypes Rollenverhalten;
– „Mackerverhalten";
– krampfhafte Fröhlichkeit;
– traurige Grundstimmung;
– Beschimpfen und Verachten der eigenen Person;
– schnelles Weinen;
– geringe Frustrationstoleranz;
– Gier nach Lebensmitteln;
– Aversion gegen Essen;
– autoaggressives Verhalten;
– übertriebenes Sauberkeitsverhalten;

- Abwehr von Körperkontakt;
- motorische Unruhe;
- impulsives, hyperaktives Verhalten etc.

Probleme im sozialen Bereich:
- aggressives Verhalten gegen Kinder und/oder Erwachsene;
- Rückzugstendenzen und Durchsetzungsschwierigkeiten in Konfliktsituationen;
- ängstlich-schüchternes Sozialverhalten;
- großes Aufmerksamkeitsbedürfnis in Gruppen etc.

Probleme im instrumentell-kognitiven Bereich:
- senso-motorisch unkoordiniert und ungeschickt;
- schlechte allgemeine Konzentrationsfähigkeit;
- Leistungsschwierigkeiten in der Schule aufgrund von Selbstwertproblemen;
- mangelnde Ausdauer;
- schlechte Aufmerksamkeit und geistig-kognitive Ungeübtheit etc.

Der Abbau des gestörten Verhaltens geschieht in der Spieltherapie in der Weise, daß der Therapeut das Kind in der Anweisung zum Spielverhalten auffordert und ermuntert, selbständig Bewältigungsweisen für sein gestörtes Verhalten im Spiel- und Realverhalten zu suchen. Durch diese Anweisung (s. a. S. 112) und die ihr vorangehenden Befragungen zur Art des gestörten Verhaltens in der Diagnostikphase (s. Kap. 5), weiß das Kind, daß es in der Spieltherapie Störungsbewältigungsverhalten lernen soll. Dieser Zielaspekt wird auch immer wieder in den gemeinsamen Familienkontakten betont.

Daß in der Spieltherapie auch wirklich ein Störungsbewältigungsverhalten gelernt wird, belegt eine *empirische Untersuchung* von Buck u. a. (1989). Am Beispiel von drei Einzelfallstudien von erfolgreich beendeten Spieltherapien konnte nachgewiesen werden, daß die Kinder im Verlauf der Therapie ein Störungsbewältigungsverhalten zeigten, das jedoch oft durch das Zeigen eines gestörten Verhaltens eingeleitet wurde.

Als Beispiel für dieses Ergebnis kann der Verlauf der Therapie des neunjährigen Jans gelten, der sein *gestörtes Verhalten* in einer Häufigkeit von 8% im ersten Therapiedrittel, von 12% im zweiten und 8% im dritten Therapieabschnitt zeigte. Dabei schwankte die absolute Zahl der gestörten Verhaltensweisen zwischen 99, 145 und 101 Tätigkeiten. Über den gesamten Therapieverlauf von 27 Kontakten gerechnet, trat das gestörte Verhalten 345 mal auf.

Das *Störungsbewältigungsverhalten* wurde nach dem Grade seiner Konstruktivität in zwei Güteklassen aufgeteilt. Es trat in der niedrigen Güteklasse 424 mal auf und in der höchsten Klasse 446 mal auf; zusammengefaßt trat es über die Therapiedrittel – jeweils für neun Therapiekontakte – 276, 273 und 321 mal auf; so daß in jedem Abschnitt ein Störungsbewältigungsverhalten gelernt wurde.

Die beiden anderen Einzelfallstudien von Buck u. a. (1989) erbrachten ein vergleichbares Ergebnis, so daß aus diesen Studien geschlossen werden kann, daß einige idealtypische Annahmen über den Verlauf einer Spieltherapie wahrscheinlich nicht empirisch zu belegen sind. Nach diesen Annahmen wäre es zu vermuten gewesen, daß sich das gestörte Verhalten – wenn überhaupt – nur in den Anfangskontakten der Therapie zeigen würde und daß das Störungsbewältigungsverhalten häufiger in den Endkontakten der Therapie, und nicht in allen Kontakten gleich häufig, auftreten würde. Wegen der bisher geringen Zahl von empirischen Belegen sollten die eben gemachten Aussagen zum Prozeßgeschehen in der Spieltherapie jedoch mit Vorsicht vertreten werden.

3.2.2 Empirische Effekte der Störungsbehandlung durch Spieltherapie

Bezüglich der außerhalb des Therapiesettings registrierten Effekte wurde gefunden, daß sich die auf Seite 24 geschilderten psychischen Störungen in z. T. befriedigender Weise durch eine alleinige Behandlung des Kindes – bei nur sporadischer Familienarbeit – abbauen ließen. Die Höhe dieses Abbaus lag bei ca. 55% (s. Schmidtchen und Hobrücker 1978). Obwohl dieser Wert signifikant höher ist als der vergleichbare Wert in einer Kontrollgruppe nicht behandelter Kinder, macht der verbleibende Wert von 45% Restproblematik jedoch deutlich, daß die Effektivität der Behandlung zu verbessern ist.

Diese Verbesserung kann durch eine Erhöhung der Wirksamkeit der Spieltherapie erreicht werden (z. B. durch einen gezielten Einsatz von therapeutischen Hilfsmaßnahmen, die im Kap. 6 ausführlich beschrieben werden) und durch eine gezielte Arbeit mit der Familie und einzelnen Elternpersonen, falls diese primär für das gestörte Kindverhalten verantwortlich zu machen sind.

Konkret ließen sich durch Spieltherapie in befriedigender Weise *emotionale Störungen* (insbesondere Angst; s. Bommert u. a. 1975; Schmidtchen 1978b), *akute Belastungs- und Anpassungsreaktionen* und *neurotische Störungen* behandeln; das Schwergewicht ihrer helfenden Wirksamkeit lag jedoch in der Kompensation von geistigseelischen und körperlichen *Entwicklungsrückständen* (s. Stollak u. a. 1968; Schmidtchen und Hobrücker 1978; Th. Ehlers 1981; Reams und Friedrich 1983). Bezüglich des Abbaus von Entwicklungsrückständen zeigte es sich, daß sich z. B. bei intellektuell retardierten Heimkindern die *Intelligenzwerte* durch eine Spielbehandlung signifikant verbesserten (s. Kraak 1961; Tausch u. a. 1973) oder daß sich bei anderen Retardierungsarten die *Kontaktfähigkeit* (s. Thomas und Schetter 1976; Ehlers 1981), die *Lesefähigkeit, die Fähigkeit zur sprachlichen*

Artikulation oder die *emotional-geistige Flexibilität* verbesserte (s. Axline 1947; Seeman und Edwards 1954; Bouillon 1973). Wie die sehr detaillierte Analyse amerikanischer Spieltherapiestudien von Reams und Friedrich (1983) zeigt, konnten die *schulischen Leistungen* mit Spieltherapie allein nicht bedeutsam verbessert werden; hier waren ergänzend zur Spieltherapie pädagogische Interventionen zur Verbesserung der Leistungsmotivation, der kommunikativen Kompetenz und der speziellen Fachkenntnisse erforderlich.

Zusammenfassend kann man feststellen, daß eine Reihe von empirischen Untersuchungen zur Spieltherapie zeigen, daß sich die geschilderten seelischen Störungen mehr oder weniger erfolgreich durch Spieltherapie abbauen lassen, daß es jedoch an empirischen Belegen über die Wirksamkeit einer kombinierten Spiel- und Familientherapie fehlt. Insbesondere mangelt es an Nachweisen, ob das kombinierte Therapieverfahren eine größere Behandlungsbreite bezüglich der zu behandelnden Störungsarten und eine höhere Effektivität erbringen kann.

4. Verhaltens- und Störungskonzept der klientenzentrierten Spiel- und Familientherapie

Im folgenden möchte ich das Verhaltens- und Störungskonzept vorstellen, das der klientenzentrierten Spiel- und Familientherapie zugrunde liegt. Es handelt sich um ein Konzept, in dem die Prozesse des Spielverhaltens, der familiären Interaktion, des selbstregulierten Verhaltens, des eigenständigen Strebens nach Entwicklung bzw. Selbstverwirklichung und der Assimilation und Akkommodation emotional-kognitiver Schemata an Außenweltgeschehnissen eine wichtige Rolle spielen.

Da einige der genannten Prozesse in der 1959 von Rogers entwickelten Verhaltens- und Störungstheorie nicht berücksichtigt worden sind, ist das hier vorgestellte Konzept als eine Erweiterung der klassischen Annahmen von Rogers anzusehen.

Aufgrund der fixierten Sicht auf den Klienten, die sich auch in den Titeln „klientenzentrierte" oder „personenzentrierte" Therapie kundtut, ist es der klientenzentrierten Therapierichtung bisher nicht gelungen, systemtheoretische Sichtweisen von Interaktionsprozessen in ihr Verhaltens- und Störungskonzept zu integrieren (s. Cain 1989 und Heekerens 1989). Erst in letzter Zeit haben es einige Theoretiker und Praktiker gewagt, eine systemtheoretische Erweiterung der Konzepte vorzunehmen und eine klientenzentrierte *Familientherapie* (s. Pavel 1985, 1989) und *Paartherapie* (s. Esser und Schneider 1989) zu begründen (s. a. Kriz 1989).

Rogers (1959) hat sich in seiner Denk- und Therapieweise primär auf eine *einseitige Betrachtungsweise* des Interaktionsflusses zwischen zwei Personen konzentriert und dabei die Wirkung bestimmter Therapeutenmerkmale wie Empathie, Wertschätzung und Echtheit auf den Klienten herausgestellt und weniger auf den wechselseitigen Beeinflussungsprozeß zwischen Klient und Therapeut hingewiesen. Für die Spiel- und Familientherapie ist eine *wechselseitige Betrachtungsweise* von Interaktionsprozessen jedoch von unbedingter Notwendigkeit, weil die Erklärung und Behandlung kindlicher Störungen nur durch die Berücksichtigung wichtiger Handlungsweisen der Eltern, des Therapeuten *und* des Kindes, sowie der *interaktionellen Verknüpfung* zwischen den genannten Personen, möglich ist.

Auch wenn es für eine vereinfachte Lehrbarkeit therapeutischer Hilfsprozesse vielleicht sinnvoll ist, sich nur auf die Handlungen des Therapeuten zu konzentrieren, so ist es für eine differenzierte Beschreibung und Erklärung des Heilungs- oder Störungsgeschehens nicht angemessen, diese einseitig kausale Sichtweise beizubehalten. Sie widerspricht sogar wichtigen Grundannahmen der Rogerschen Verhaltenstheorie, die besagen, daß vorrangig Wachstums- und Selbststeuerungsprozesse des Klienten für den Therapieerfolg verantwortlich sind und weniger modifikatorische Verhaltensweisen des Therapeuten. Insofern wäre es auch aus der Sicht von Rogers folgerichtiger, wenn eine enge Verzahnung bestimmter heilungsfördernder Prozesse des Klienten mit bestimmten heilungsunterstützenden Handlungen des Therapeuten vorgenommen wird und wenn die Entstehung von seelischen Störungen als das Ergebnis von Interaktionsprozessen zwischen dem Klienten und seiner Umwelt angesehen wird. In diesem Sinne möchte ich die folgenden Ausführungen zum Verhaltens- und Störungskonzept verstanden wissen.

4.1 Verhaltenskonzept

Von zentraler Bedeutung für eine kindbezogene klientenzentrierte Verhaltens- und Störungstheorie muß das Verständnis des komplexen Wechselwirkungsgeschehens zwischen den Mitgliedern einer Familie sein. Die *Familie* ist der Lebensraum des Kindes, in dem sein Welt-, Beziehungs- und Selbstbild aufgebaut wird und in der seine internen handlungsleitenden Funktionsprozesse stimuliert, gefördert und korrigiert werden. In der Familie lernt das Kind Verhaltensregeln und Denkschablonen und bekommt gute oder schlechte Hilfe bei der Entwicklung seiner Anlagen und Fähigkeiten. Da die Eltern die wichtigsten Erzieher und Entwicklungshelfer ihrer Kinder sind, haben sie auch den stärksten Einfluß auf die Ausbildung emotional-kognitiver Prozesse zur Informationsverarbeitung und Handlungsorganisation. Sie müssen deshalb – neben dem Kind – wichtige Zielpersonen des Therapiegeschehens sein.

Im folgenden möchte ich die *Grundannahmen einer Familien-Systemtheorie* skizzieren, um deutlich zu machen, welche Aspekte im Interaktionsgeschehen der Familie verhaltensbeeinflussend sind. Einleitend gebe ich in Anlehnung an Pavel (1989, S. 234f) eine Definition dessen, was unter einem *Familiensystem* zu verstehen ist (s. a. Satir 1979, S. 33f):

„Die Familie in Form der jeweiligen Herkunftsfamilie und der aktuellen Kernfamilie stellt eine der wichtigsten, frühesten und zeitlich dauerhaftesten

Bezugsgruppen dar. Dabei wird das einzelne Familienmitglied als ein Subsystem eines umfassenden sozialen Systems mit einer erkennbaren Struktur von Verhaltensregeln angesehen. Zur Vereinfachung und zum Erhalt der Funktion des Familiensystems bilden sich sinnvoll aufeinander bezogene Wahrnehmungs- und Verhaltensregeln als Interaktionsregeln aus. Sie schränken einerseits das einzelne Familienmitglied ein, werden aber andererseits auch wiederum selbst von jedem einzelnen Familienmitglied mitgeprägt."

Von zentraler Bedeutung für die Verhaltensbeeinflussung der Familienmitglieder sind *Verhaltensregeln,* die bewußt oder unbewußt verwendet werden, um einen störungsfreien Ablauf des Interaktionsgeschehens und ein Bewältigen der verschiedenen familiären Aufgaben zu gewährleisten. Die Regeln orientieren sich an wichtigen *Annahmen einer Systemtheorie,* die von Schneewind (1987, S. 976 ff) wie folgt auf das Familiengeschehen übertragen worden sind (s. a. von Schlippe 1984):

Annahmen einer Familien-Systemtheorie nach Schneewind:
a) *Ganzheitlichkeit:* „Die Familie wird als eine Einheit betrachtet, in der die einzelnen Mitglieder durch Interaktion und Kommunikation miteinander vernetzt sind. Insofern ist (...) die Familie als Ganzes mehr als die Summe ihrer aus Personen bestehenden Teile."

b) *Zielorientierung:* „Familien richten ihr gemeinschaftliches Leben nach mehr oder minder expliziten Zielen aus, die dem Zusammenleben in der Familie Sinn und Kontinuität geben sollen. Solche Ziele können je nach Lebens- und Familienphase inhaltlich eine unterschiedliche Ausgestaltung haben. Familienziele äußern sich u. a. in der Orientierung an phasentypischen individuellen und familiären Entwicklungsaufgaben..."

c) *Regelhaftigkeit:* „Die Beziehungen zwischen den Mitgliedern einer Familie lassen – insbesondere bei längerer Beobachtung – bestimmte Regelhaftigkeiten erkennen. Diese werden teils bewußt als Familienrituale gepflegt (z. B. Einhaltung gemeinsamer Essenszeiten, Gutenachtgeschichten), teils bestimmen sie unausgesprochen das Verhalten der einzelnen Familienmitglieder (z. B. wer, wann – eventuell auch mit wem – das Badezimmer benutzen darf). Die handlungsleitende Regelstruktur einer Familie kann aus deren spezifischem Interaktionsmuster, d. h. der Gleichförmigkeit der konkreten Interaktionen zwischen den einzelnen Familienmitgliedern, erschlossen werden."

d) *Zirkuläre Kausalität:* „Damit ist der wechselseitige Beeinflussungsprozeß zweier oder mehrerer Personen gemeint, der sich über eine bestimmte Zeitspanne hinweg analysieren läßt. P. Minuchin (1985, S. 290) macht dies an einem Beispiel deutlich: ‚Es ist ein epistemologischer Irrtum, zu behaupten, daß eine überbehütende Mutter bei ihrem Kind Ängste auslöse. Vielmehr haben Mutter und Kind gemeinsam ein Muster geschaffen, in dem (beginnend bei einem beliebigen Punkt) die Ängste des Kindes besorgtes Verhalten bei der Mutter auslösen. Das Verhalten der Mutter verschlimmert die Ängste des Kindes, was bei der Mutter wiederum zu erhöhter Besorgnis führt, usw.' – Im Mittelpunkt des Interesses steht somit nicht eine einseitig gerichtete, von einer einzelnen Person ausgehende Verhaltensweise, sondern der Interaktionszyklus selbst, der als eine nicht weiter reduzierbare Einheit angesehen wird."

e) *Rückkoppelung:* „Mit Blick auf das Familiensystem bezieht sich der Begriff der Rückkoppelung auf den Prozeß, der durch das regelabweichende Verhalten eines bestimmten Familienmitgliedes A ausgelöst wird und Effekte bei den übrigen Familienmitgliedern hervorruft, die ihrerseits wieder auf das Verhalten von A zurückwirken. Es wird grundsätzlich zwischen einer positiven (oder abweichungsverstärkenden) oder einer negativen (oder abweichungsdämpfenden) Rückkoppelung unterschieden.

Positive Rückkoppelung tritt z. B. dann auf, wenn es zwischen zwei Partnern zu einer Ärgereskalation kommt, d. h. wenn beispielsweise aus einem ‚Frotzeln' ein Anklagen, aus einem Anklagen ein Schimpfen, aus einem Schimpfen ein Anbrüllen wird. Positive Rückkoppelung ist prinzipiell *veränderungsorientiert,* da die durch sie zum Ausdruck kommenden eskalierenden Interaktionsprozesse nicht beliebig fortgeführt werden können und somit nach neuen Lösungen verlangen.

Negative Rückkoppelung zielt auf die Rückkehr zu einer Ausgangslage ab, die vor dem Eintreten der ‚Störung' bestand, so etwa, wenn eine Mutter ihr schreiendes Kind beruhigt, indem sie es auf den Arm nimmt, hin- und herwiegt und mit ruhiger Stimme auf es einredet. Negative Rückkoppelungsprozesse sind grundsätzlich *stabilitätsorientiert* ..."

f) *Homöostase:* „Mit Homöostase ist die Aufrechterhaltung und Ausbalancierung des in einer Familie wirkenden Kräftegleichgewichtes gemeint. Homöostase wird gewöhnlich durch negative Rückkoppelungsprozesse hergestellt, indem sich die Familie an etablierten Zielen, Regeln und Handlungsabläufen orientiert ..."

g) *Wandel erster und zweiter Ordnung:* „Eng verknüpft mit dem Problem der Anpassungsfähigkeit einer Familie ist die Frage, von welcher Art die Veränderung ist, die sich bei einer Familie gegebenenfalls einstellt. Watzlawick u. a. (1974, S. 29 f) sprechen in diesem Zusammenhang von Wandel erster und zweiter Ordnung. Mit *Wandel erster Ordnung* meinen sie ‚den Wandel von einem internen Zustand zu einem anderen innerhalb eines selbst invariant bleibenden Systems'. (...) Beispiel hierfür wäre etwa das Vorgehen von Eltern, die ihr Kind bestrafen, weil es sein Zimmer nicht aufgeräumt hat, und beim nächsten Mal, wenn das Zimmer wieder nicht aufgeräumt ist, das Kind noch härter bestrafen. – Demgegenüber besteht *Wandel zweiter Ordnung* in einem Wandel, der ‚das System selbst ändert' (s. Watzlawick u. a. S. 30). Beispiele hierfür sind etwa Änderungen in den Kommunikationsregeln (z. B. Zuhören statt Dazwischenreden), im Rollenverständnis der Partner (z. B. Ebenbürtigkeit statt Unterwürfigkeit oder Dominanz) oder in der personellen Zusammensetzung einer Familie (z. B. Loslösung des Jugendlichen aus dem Elternhaus)."

h) *Grenzen:* „Ein wesentliches Merkmal lebender Systeme ist, daß sie sich gegenüber anderen Systemen mehr oder minder abgrenzen. (...) S. Minuchin (1977) unterscheidet zwischen starren, diffusen und klaren Grenzen.

Starre Grenzen sind charakteristisch für geschlossene Systeme, die im Extremfall in keinem materiellen, energetischen oder informationellen Austausch mit anderen Systemen stehen. (...)

Diffuse Grenzen sind daran erkennbar, daß zwischen den einzelnen Systemen und Subsystemen kaum unterschieden werden kann. (...) Die Privatheit einzelner Personen ist dann ebensowenig gewährleistet wie z. B. die sexuelle Intimität von Ehepartnern.

Klare Grenzen sind durch ein gewisses Maß an Durchlässigkeit nach außen bei gleichzeitiger Abwehr der Einmischung von außen gekennzeichnet (...). – Die Familiengrenzen verändern sich je nach der Entwicklungsphase, in der die Familie steht. Äußerlich ist dies z. B. an den personellen Zu- und Abgängen einer Familie (z. B. durch Geburt, Tod, Ablösung, Trennung) erkennbar. Aber auch in einer Neuaufteilung von Familien- und Individualzeit, oder in der veränderten Nutzung einer gemeinsamen Wohnung kann sich der Wandel von Grenzen innerhalb einer Familie niederschlagen."

i) *Internes Erfahrungsmodell:* „Ein theoretischer Ansatz, der die Familie als System begreift, läuft Gefahr, das System zu verdinglichen und damit die Person aus dem Blickfeld zu verlieren. (...) Das Innerste einer Person läßt sich begrifflich als *internes Erfahrungsmodell* fassen. Gemeint ist damit die subjektive Repräsentation, die eine Person von sich, ihrer Umwelt und den Beziehungen zu ihrer Umwelt zu einem bestimmten Zeitpunkt hat. Das interne Erfahrungsmodell läßt sich somit in ein *internes Selbstmodell*, ein *internes Umweltmodell* und ein *internes Beziehungsmodell* gliedern, wobei diese drei Partialmodelle in einem Wechselwirkungsverhältnis zueinander stehen."

Überträgt man das Konzept des internen Erfahrungsmodells auf die Familiensystemtheorie, so besagt dies, daß die Familie nicht nur von außen, d. h. durch die Registrierung familiärer Interaktionsmuster, erfaßbar ist, sondern auch von innen durch die *familienspezifischen internen Erfahrungsmodelle* jedes Familienmitgliedes.

„Die einzelnen Personen innerhalb einer Familie verfügen in der Regel über jeweils unterschiedliche bzw. sich nur partiell überlappende subjektive Sichtweisen der Familienrealität", wobei sich die überlappenden Sichtweisen im *gemeinsamen Familienkonzept* erfassen lassen.

Im Rahmen einer *kindzentrierten Betrachtungsweise des Familiengeschehens* sind insbesondere *die* Tätigkeiten der Eltern von Bedeutung, die zu einer Entwicklungsförderung und zu einer Steigerung des Problemlösungsverhaltens des Kindes führen.

Dabei geht es bezüglich der ersten Zielsetzung um die *Bewältigung verschiedener Entwicklungsaufgaben,* die sich den Eltern eines Kindes von der Geburtsvorbereitung bis zur Loslösung des Kindes im Jugendlichenalter stellen. Diese Aufgaben werden von Duvall (1977, S. 179 zit. aus Schneewind 1987, S. 985) wie folgt beschrieben:

1. *Aufgaben eines verheirateten Paares:* Gestaltung einer wechselseitig befriedigenden Ehebeziehung; Vorbereitung und Anpassung an Schwangerschaft und bevorstehende Elternschaft; Umgang mit der Verwandtschaft etc.
2. *Aufgaben einer Familie mit Kindern (frühes Stadium):* Einrichtung eines Heimes, das für Eltern und Kleinkinder gleichermaßen zufriedenstellend ist; Gewöhnung an Elternrolle; teilweise Auflösung der Mann-Frau-Intimität etc.

3. *Aufgaben einer Familie mit Vorschulkindern:* Anpassung an Interessen von Vorschulkindern in wachstumsfördernder Weise; Auseinandersetzung mit Energieverlust und eingeschränkter Privatheit als Eltern etc.
4. *Aufgaben einer Familie mit Schulkindern:* konstruktives Einfügen in die Gemeinschaft von Familien mit schulpflichtigen Kindern; Ermutigung des kindlichen Leistungsverhaltens etc.
5. *Aufgaben einer Familie mit Jugendlichen:* Balancierung von Freiheit und Verantwortlichkeit entsprechend dem Emanzipationsprozeß von Jugendlichen; Entwicklung nachelterlicher Interessen und Karrieren etc.
6. *Aufgaben einer Familie im Ablösungsstadium:* Entlassung der jungen Erwachsenen in Beruf, Militärdienst, Studium, Ehe usw. mit erleichternden Ritualen und Unterstützungen; Aufrechterhaltung eines unterstützenden Elternhauses etc.

Bezüglich der zweiten Zielsetzung geht es um eine *Verbesserung des Problemlösungsverhaltens,* die sich an den Streßbewältigungs-Strategien von McCubbin und Figley (1983) orientieren kann. Nach McCubbin und Figley (S. 227, zit. aus Schneewind 1987, S. 1007) gibt es verschiedene funktionale und dysfunktionale Formen familiärer Streß- bzw. Problembewältigung, die sich wie folgt beschreiben lassen:

1. familiäre Probleme sind eindeutig zu identifizieren und man sollte sie realitätsgerecht und nicht verleugnend wahrnehmen;
2. familiäre Probleme sind familienzentriert und nicht individuumszentriert zu lokalisieren;
3. die Familie sollte sich den Problemen lösungsorientiert und nicht beschuldigungsorientiert nähern;
4. Lösungsvorschläge sind von allen Familienmitgliedern zu erfragen; es ist nicht sinnvoll, bestimmte Familienmitglieder abzuwerten;
5. die Bereitschaft zur gegenseitigen Hilfe ist klar und direkt auszudrükken;
6. die Kommunikation sollte offen und authentisch und nicht geschlossen oder verdeckt gestaltet werden;
7. die familiäre Verbundenheit sollte im Gegensatz zur familiären Getrenntheit stärker beachtet werden;
8. die familiären Rollen und Hierarchien sind flexibel und nicht rigide zu gestalten;
9. alle Ressourcen der Familie sollten balanciert und erschöpfend genutzt werden;
10. Gewalt-, Medikamenten-, Alkohol- oder Drogengebrauch sollte zur Lösung von Problemen abgelehnt werden.

Im folgenden sollen die genannten Annahmen zum entwicklungs- und problemlösungsfördernden familiären Geschehen in ein differenziertes Merkmalsgefüge ökologischer und psychologischer Strukturen und Prozesse eingepaßt werden, die das gesunde und gestörte Verhalten eines Kindes und seiner Familie näher erklären können.

4.1.1 Ökologische und psychologische Einflüsse auf den Erwerb von gesunden und gestörten Handlungsweisen

Aus den klassischen Annahmen von Rogers (1959) zur Organisation eines menschlichen Verhaltens und den oben genannten Annahmen zur Organisation von Familieninteraktionen lassen sich folgende *Eckwerte einer klientenzentrierten Verhaltenstheorie* ableiten. Sie werden in den folgenden beiden Kapiteln näher operationalisiert.

1. Menschliches Verhalten wird als ein *zielgerichteter und rückgemeldeter Prozeß* angesehen, der auf internen und externen Rückmeldungen aufbaut. In der Entwicklung von Kindern haben die externen Rückmeldungen durch die Eltern eine herausragende Bedeutung, weil durch sie nicht nur die aktuellen Verhaltensprozesse korrigiert, sondern auch die internen Funktionsprozesse und Orientierungsnormen eines eigenständigen Rückmeldungsverhaltens gelehrt werden.

   Das zielgerichtete Verhalten soll als *Abfolge von sinnvoll miteinander verknüpften Teilhandlungsschritten* gesehen werden, die nach bestimmten Funktionsprozessen organisiert sind. Als Modell zur Erklärung der Organisationsprozesse wird ein zielkorrigiertes Handlungssystem gewählt, das nach kybernetischen und informationsverarbeitenden Gesichtspunkten arbeitet. Dieses Handlungssystem setzt sich aus Energetisierungs-, Zielsetzungs-, Wahrnehmungs-, Bewertungs-, Planungs-, Rückmeldungs- und motorischen und emotionalen Ausführungsprozessen zusammen.

2. Das Verhalten kann internal und external motiviert werden, wobei die *internale, intrinsische Motivation* von besonderer Bedeutung ist, weil sie am intensivsten das Wachstum der Persönlichkeit bzw. des Selbst fördert. Das *Wachstumskonzept* geht davon aus, daß organisches Wachstum ein Urprinzip des Lebens ist und daß menschliche Lebewesen das Bestreben haben, ihre Anlagen und Entwicklungsbedürfnisse in der Auseinandersetzung mit ihren jeweiligen Umwelten zu verwirklichen. Rogers (1959) nennt diesen Prozeß „Aktualisierung".

   Das Streben nach Verwirklichung in immer optimaleren Formen der Lebens- und Umweltbeherrschung ist das dynamische und organisierende Prinzip eines geistig-seelischen Wachstums. Es energetisiert und steuert die Entwicklung von Handlungsschemata und motorischen und emotionalen Ausführungsakten. Es bestimmt auch den Moment, in dem *Lernen* stattfindet, wobei es sich um ein Lernen handelt, in dem neue Wachstumserfahrungen in das seelisch-geistige System integriert werden.

3. Von besonderer Wichtigkeit für die Vorbereitung, Festigung oder Erweiterung der kindlichen Lernprozesse ist die *Spieltätigkeit* des Kindes. In ihrem Rahmen können Kinder ihre Handlungsschemata ausprobieren, erweitern oder korrigieren, so daß sie flexibler und erfolgreicher in der Handlungsdurchführung werden können. Die Erweiterung und verbesserte Ausstattung der Schemata wird „Assimilation" genannt und die Neuschaffung der Schemata „Akkommodation".

   Wichtig für die Erfolgsbeurteilung der im Spiel vorgenommenen Assimilations- oder Akkommodationsprozesse von Schemata ist, daß die im Spiel erworbenen Schemata erfolgreich bei der *realen* Bewältigung von Umwelt- und Innenweltanforderungen eingesetzt werden. Eine Spieltätigkeit unterscheidet sich also von einer realitätsbezogenen Tätigkeit dadurch, daß in ihr Handlungsschemata aufbereitet oder ausprobiert werden, die im Realitätsbereich anzuwenden sind. Sie ist also vorrangig eine Tätigkeit des geistigseelischen und motorischen Probehandelns.

4. Da menschliches Handeln immer in einem *Bezug zu realen oder vorgestellten Umweltbedingungen* steht, ist es eng mit diesen ökologischen Bedingungen verknüpft. Die handlungsleitenden Schemata enthalten also immer einen *Bezug sowohl zu Umweltanforderungen als auch zu individuellen Ziel- und Bewältigungsprozessen.* Insofern sind gesunde oder gestörte Handlungsweisen nie als „umweltbereinigte" Funktionsprozesse zu sehen, sondern immer als umweltbezogene, mit ihr vernetzte Interaktionsprozesse.

5. Von besonderer Bedeutung für das kindliche *Persönlichkeits- bzw. Selbstwachstum* sind Umweltstimulationen und -reaktionen wichtiger Bezugspartner, die auf die *Befriedigung von kindlichen Grundbedürfnissen* ausgerichtet sind. Sie haben für die Entwicklung eines Kindes eine doppelte Funktion:

   Einerseits ermöglichen sie ein aktuelles Befriedigungserleben und andererseits beeinflussen sie die Art der Ausbildung von Schemata und Ausführungstätigkeiten, die das Kind selbst zur Bedürfnisbefriedigung einsetzen kann. Diese Schemata und insbesondere die in ihnen abgebildeten Erwartungshaltungen bestimmen entscheidend die *Annahmen des kindlichen Selbst-, Welt- und Beziehungskonzeptes.*

6. Aus der *vernetzten Verknüpfung* von psychologischen und ökologischen Verhaltensmerkmalen ergibt sich eine *zirkulär-kausale Erklärungsweise* von Verhaltensweisen und deren Störungen und

damit eine Therapie, die auf das vernetzte Störungsverhalten ausgerichtet sein muß, d. h. auf *situationsbezogene Interaktionen.*

7. Des weiteren wird davon ausgegangen, daß ein entwicklungs- bzw. wachstumsförderndes Verhalten von Kindern und Familien durch spezifische *Entwicklungsaufgaben* gefördert werden kann. Diese Aufgaben beziehen sich auf das Angebot von Umweltsituationen, deren Lösung für das Kind die Ausbildung entwicklungswichtiger Schemata und Verhaltensweisen erfordert. Ein entwicklungsförderndes Therapie- oder Erziehungsverhalten sollte also immer darauf ausgerichtet sein, lernfördernde Umwelten anzubieten, in denen zunehmend differenziertere, das Selbst erweiternde und die Umwelt beherrschendere Kompetenzen erworben werden können. Diese Empfehlung bezieht sich sowohl auf die Gestaltung des familiären Milieus als auch auf die der Spiel- und Familientherapie.

8. Da *entwicklungswillige Personen* am ehesten *selbst bestimmen* können, *welche Umweltbedingungen entwicklungsfördernd sind,* sollten sie die Möglichkeit haben, ihre lernfördernden Umwelten selbst zu gestalten. Eltern und Therapeuten sollten dabei die *Rolle eines Lernhelfers* einnehmen, der Handlungsmaterialien, geschützte Rahmenbedingungen, Anreize und einfühlsame Korrekturen bei den Lernbemühungen zur Verfügung stellt.

9. Menschliches Handeln wird außer durch die Umweltbedingungen auch durch das *Erfahrungsmodell bestimmt,* das sich der Mensch von den Geschehnissen der Welt in seinem Gedächtnis gemacht hat. Die Art der Ausbildung dieses Erfahrungsmodells ist bei Kindern sehr von den Interpretationsweisen – insbesondere sprachlicher Art – der Eltern abhängig.
Aus diesen Gründen ist es für die Entwicklung eines realitätsorientierten Erfahrungsmodells von Kindern wichtig, daß Eltern und andere Bezugspersonen sich Mühe geben, dem Kind zu helfen, ein *realistisches Abbild* der Außenwelt, sowie der Beziehungen zwischen dem Kind und seiner Umwelt zu erwerben. Dabei sollte darauf geachtet werden, daß eine Weltsicht vermittelt wird, die den Interessen des Kindes entspricht und nicht denen der Eltern. Die Kinder haben ein Recht darauf, ein eigenständiges Selbst-, Welt- und Beziehungsbild aufzubauen, das ihren Anlagen, Interessen und Möglichkeiten entspricht, weil sie mit zunehmender Selbständigkeit gemäß diesem Bild handeln müssen.

Aus den angeführten Eckwerten der klientenzentrierten Verhaltenstheorie sollen im folgenden *die* Annahmen näher spezifiziert werden, die sich auf die Ausbildung gesunder und gestörter kindlicher Handlungsweisen beziehen. Dabei sollen familiäre, individuelle und außerfamiliäre Einflußmerkmale berücksichtigt werden. In Abbildung 1 werden die Einflüsse näher spezifiziert.

Sozialökologische Familieneinflüsse:
- Art des Kommunikationsstils
- Enge der gefühlsmäßigen Bindung und Art des Abgrenzungsverhaltens
- Art und Ausmaß der gegenseitigen Bedürfnisbefriedigung
- Art und Ausmaß der gegenseitigen Hilfe bei der Problemlösung
- Art und Häufigkeit der Nutzung verwandtschaftlicher Unterstützung

Weitere ökologische Einflüsse:
- materielle und berufliche Einflüsse
- chronische Erkrankungen von Familienmitglieder
- staatliche Einflüsse durch Gesetze und Hilfsorganisationen
- Einflüsse der Wohngegend und Wohnung

Individuelle psychologische Einflüsse:
- Motivations- und Energetisierungsprozesse
- Wahrnehmungsprozesse
- emotionale und kognitive Bewertungsprozesse
- Symbolisierungsprozesse
- Planungs- und Zielgebungsprozesse
- Rückmeldungsprozesse
- motorisches u. emotionales Ausführungsverhalten

Abb. 1. Ökologische und psychologische Einflüsse auf den Erwerb von gesunden und gestörten kindlichen Handlungsweisen

4.1.1.1 Ökologische Einflüsse auf den Erwerb von Handlungsweisen

Die ökologischen Einflüsse auf die Ausbildung gesunder und gestörter kindlicher Handlungsweisen sind in eine Klasse „Sozialökologische Familieneinflüsse" und eine Sammelklasse „Weitere ökologische Einflüsse" unterteilt worden (s. a. Vaskovics 1982).

Zu den *sozialökologischen Familieneinflüssen* gehören folgende Einflußfaktoren:

a) Art des Kommunikationsstils;

b) Enge der gefühlsmäßigen Bindung und Art des Abgrenzungsverhaltens;

c) Art und Ausmaß der gegenseitigen Bedürfnisbefriedigung;
d) Art und Ausmaß der gegenseitigen Hilfe bei der Problemlösung;
e) Art und Häufigkeit der Nutzung verwandtschaftlicher Unterstützung.

Zu den *weiteren ökologischen Einflußbedingungen* gehören die Variablen:
f) materielle und berufliche Einflüsse;
g) chronische Erkrankungen von Familienmitgliedern;
h) staatliche Einflüsse durch Gesetze und Hilfsorganisationen;
i) Einflüsse der Wohngegend und Wohnung.

Die ökologischen Einflüsse beim Erwerb gesunder und gestörter kindlicher Handlungsweisen lassen sich nach Bronfenbrenner (1978) in mehrere globale Einflußsysteme von unterschiedlicher Komplexität aufteilen, die hierarchisch miteinander verknüpft sind und die auf die Handlungsweisen von Kindern unterschiedlich einwirken. Diese Systeme werden als Mikro-, Meso-, Exo- und Makrosysteme bezeichnet; sie werden von Oerter (1987, S. 92ff) wie folgt charakterisiert:

„Das *Mikrosystem* ist das unmittelbare System, in welchem das sich entwikkelnde Individuum lebt. Es ist an konkrete Settings gebunden. Ein Mikrosystem bildet z. B. die Familie (Vater, Mutter, Kind); innerhalb der Familie aber auch die Dyade (Mutter-Kind, Vater-Kind, Geschwister-Dyaden) oder die Triade (mehrere Geschwister, zwei Geschwister und eine Erwachsenenperson usw.)...

Wichtig ist, daß zu einem Mikrosystem die *physikalischen* und *materiellen* *Bedingungen* dazugehören. Wohnverhältnisse, eingeschränkte Handlungsmöglichkeiten und materielle Armut sind stark beeinflussende Faktoren bei der Entwicklung des Kindes und Jugendlichen.

Das *Mesosystem* besteht aus zwei oder mehreren Settings, denen das sich entwickelnde Individuum angehört. Die Wechselbeziehungen zwischen solchen Settings (Widersprüche, wechselseitige Unterstützung) bilden ein eigenes, für die Entwicklung relevantes System. Das Mesosystem wird also durch das *Wechselwirkungsgefüge* definiert, das zwischen verschiedenen Mikrosystemen (bzw. Settings) besteht.

Das *Exosystem* umfaßt eines oder mehrere Settings, die das Individuum nicht als handelnde Person aufgenommen haben, die aber indirekt das Individuum beeinflussen (...) Ein Exosystem für ein Kind im Vorschulalter ist beispielsweise die Schule (Schulklasse), da die älteren Geschwister die Schule besuchen und die Mutter das Kind bereits jetzt auf den Schulbesuch vorbereitet. In ähnlicher Weise bildet der Arbeitsplatz für Heranwachsende ein Exosystem, das indirekt (durch die Belastungen der arbeitenden Eltern) auf die Heranwachsenden einwirkt (...).

Das *Makrosystem* schließlich bezieht sich auf Übereinstimmungen in Systemen niedrigerer Ordnung (Mikro-, Meso-, Exosystem), die auf der Ebene der Gesamtkultur oder Subkultur bestehen und denen Überzeugungssysteme oder Ideologien und Weltanschauungen zugrunde liegen. Das Makrosystem prägt allem und jedem seinen Stempel auf. Die moderne Arbeitsstruktur, die Ideologie der persönlichen Autonomie und Kontrolle und der Fortschrittsglaube sind beispielsweise Bestandteile des Makrosystemes unserer Kultur (...)."

Die klientenzentrierte Spiel- und Familientherapie nimmt im wesentlichen auf die unterschiedlichen Mikro- und Mesosysteme Einfluß; zuweilen ist es jedoch auch notwendig, mit dem Kindergarten oder der Schule (also den Exosystemen) zu arbeiten, um von dieser Seite her auf das Kind einzuwirken. Familientherapeutische Einflußnahmen auf makrosystemische Aspekte z. B. kultureller oder politischer Art sind jedoch nicht üblich und wohl auch nur begrenzt möglich (z. B. in Form gesundheitspolitischer Tätigkeit innerhalb von Verbänden).

Die einzelnen in Abbildung 1 aufgelisteten *Merkmale der ökologischen Verhaltensbeeinflussung* sind also im wesentlichen Bestandteil des Mikro- und Mesosystems. Sie entstammen der familienpsychologischen (s. Schneewind 1987, S. 971 ff) und der familientherapeutischen Literatur (s. Schneider 1983; von Schlippe 1986; Schmidtchen 1989 a; Kaiser 1989; Bommert u. a. 1990) und sollen im folgenden kurz beschrieben werden:

Sozialökologische Familieneinflüsse

a) Art des Kommunikationsstils

In der Begegnung zwischen den Familienmitgliedern sollte eine verbal und nichtverbal *„ehrliche"*, d. h. den wahren Absichten und Gefühlen entsprechende, *Botschaftsübertragung* stattfinden. Verdeckte oder doppeldeutige Botschaften (z. B. im Sinne einer double bind-Information) sollten vermieden werden. So ist es Kindern und allen Beteiligten leichter möglich, die Botschaften eindeutig zu verstehen und Mißverständnisse zu korrigieren (s. a. Luthman und Kirschenbaum 1977).

Der Kommunikationsstil sollte deutlich zwischen *Ich-Botschaften*, *Beziehungsbotschaften* und *Sachinformationen* unterscheiden (s. Schulz von Thun 1985). Bei kommunikativen Problemen sollte der *Ausdruck von Gefühlen* und Ich- und Beziehungsbotschaften Vorrang vor der Vermittlung von Sachinformationen haben (s. Cohn 1978).

Mehrdeutige Botschaften oder verfälschende Bewertungsmaßstäbe und Wahrnehmungskriterien haben einen irreführenden Einfluß auf den Erwerb von angemessenen Bewertungskriterien für das Kind und behindern in hohem Ausmaß das Erlernen einer realitätsadäquaten eigenständigen Handlungsregulation.

Besonders belastend sind *dysfunktionale familiäre Kommunikationsmuster*, die regelhaft zu den verschiedensten Anlässen – insbesondere in Problemsituationen – gezeigt werden. Luthman und Kirschenbaum (1977, S. 65ff) unterscheiden diesbezüglich zwischen fünf dysfunktionalen Mustern (s. a. Guntern 1983):

Im *spektakulären oder tumultauslösenden Muster* agieren die Familienmitglieder wegen ihrer „infantilen Charaktere" primär Nähe-vermeidend, weil sie Angst vor gegenseitigen Verletzungen haben. Sie interagieren chaotisch und grenzüberschreitend, weil sie auf der beständigen Suche nach einer Person sind, die ihnen eine sichere Grenze setzen kann, in deren Rahmen sie ihre Nähe- und Schutzbedürfnisse befriedigen können.

Im *vernünftigen Kommunikationsmuster* steht die gegenseitige rationale Beurteilung emotionaler Handlungen im Vordergrund. Damit wird jeder Versuch zu einer spontanen Lebensäußerung unterdrückt und die Nutzung einer gegenseitigen Bedürfnisbefriedigung und eines lebendigen, genußvollen Lebens eingeschränkt. Diese Familien leiden an einem Validitätsmangel und einer zunehmenden emotionalen Auszehrung bzw. Versandung. Das Familiensystem ist durch Rückzugsverhalten (d. h. geschlossene Grenzen gegenüber der Außenwelt) und eine größere Wahrscheinlichkeit der Entstehung psychosomatischer Krankheiten gekennzeichnet.

Im *stoischen, zugeknöpften Muster* herrscht eine dumpfe, leblose Atmosphäre vor. Noch stärker als im vernunftgeleiteten Muster schottet sich die Familie gegenüber der Außenwelt ab und damit gegenüber emotionalen Impulsen und Hilfen. Die Familie lebt in einer depressiven Grundstimmung und vermittelt dem Therapeuten das Gefühl, sie wolle ihm „alle Lebensenergie" aussaugen. Außerdem senden die Mitglieder Botschaften der Hilflosigkeit und Hoffnungslosigkeit oder vermitteln dem Gegenüber Gefühle der Schuld. Als Krankheitszeichen kann ein autoaggressives Verhalten, Selbstmord, Alkoholismus, Drogensucht etc. auftreten.

Im *schizophrenen Muster* herrscht ein verwirrender und unklarer Kommunikationsstil vor. Der Therapeut „kann eine Stunde oder zehn Stunden mit den Familienmitgliedern verbringen und am Ende nicht die leiseste Vorstellung davon haben, wovon sie eigentlich reden" (s. Luthman und Kirschenbaum 1977, S. 66). Entscheidungen werden erst in extremen Krisensituationen gefällt und dann meist in sehr kleinkindhafter, z. T. unsinniger Weise. Die Handlungen sind häufig Reaktionen auf Enttäuschungen oder Ausdruck von Panik und energetisch so hoch geladen, daß sie einer rationalen Reflexion nicht zugänglich sind. Sie sprengen deshalb alle kommunikativen Grenzen und überfordern die Kommunikationspartner mit ihrer Impulsivität und geringen Berechenbarkeit.

Im *Muster des Beschwichtigens und Anklagens* steht beständig ein Familienmitglied unter Beschuß und ein anderes versucht, Frieden zu stiften. Dies ist häufig der einzige Weg der familiären Kontaktaufnahme. Die Kommunikationspartner schwanken zwischen depressiver Distanz und anklagender bzw.

beschwichtigender Kontaktsuche. „Sie erwarten von anderen, daß sie Verantwortung für sie übernehmen und sie glücklich machen. Sie benutzen das Sündenbock-Schema, um Selbstbegegnung und Gefühle der Traurigkeit, der Depression und des Ärgers abzuwehren. Diese Familien setzen sich gewöhnlich aus Menschen zusammen, die eine schwere Deprivation erfahren und ihre Gefühle darüber nie verarbeitet haben" (s. Luthman und Kirschenbaum 1977, S. 67).

Alle diese entwertenden und irreführenden Kommunikationsweisen sind von großem Schaden, denn sie sind Ausdruck *neurotischer Abwehrmechanismen* und führen zu Projektionen, Aussperrungen wichtiger Informationen durch Verdrängungen, Verschiebungen, Abspaltungen von Gefühlen, Konversionen von Gefühlen in Körperereignisse, Sublimierungen, Rationalisierungen oder Mystifizierungen von Gefühlen (s. Elhardt 1988; Schmidtchen 1989 a).

Satir (1975) hat von diesen Abwehrmechanismen vier herausgegriffen und sie als kommunikativ besonders belastend und irreführend beschrieben. Es sind die Mechanismen: *anklagendes Verhalten; beschwichtigendes Verhalten; rationalisierendes Verhalten* und *ablenkendes Verhalten.* Mit diesen Kommunikationsmechanismen sollen insbesondere *Minderwertigkeitsgefühle bzw. geringe Selbstwertgefühle verdeckt* werden.

Satir (1975, S. 138 ff) weist auch auf die besondere Bedeutung von gefühlsmäßig offenen und erfahrungsmäßig *ehrlichen Kommunikationsregeln* hin. Sie meint, daß diejenige Familie „die besten Aussichten (hat), zu einer entwicklungsfördernden Familie zu werden, deren Regeln freie Äußerung von allem erlaubt, ob es nun schmerzlich, erfreulich oder sündig ist" (S. 139).

– Bezüglich der Art, Wirksamkeit und Zeitgemäßheit von Kommunikationsregeln empfiehlt sie, das Regelinventar der Familie daraufhin zu überprüfen, *wie* die Regeln lauten; *was* man mit ihnen erreicht; *welche* der alten Regeln noch heute gültig sind und welche durch neue Regeln ersetzt werden müssen.

Es ist also wichtig, sich seiner Kommunikationsregeln bewußt zu werden und sie aufzudecken, damit sie einer *Supervision der kommunikativen Gewohnheiten* zugänglich sind. Da aber die handlungsleitenden Regeln im allgemeinen nicht bewußt sind, sollten alle Familienmitglieder an der Aufdeckung der Regeln beteiligt werden; denn die Regeln sollten nicht als Geheimnisse oder interaktionelle Selbstverständlichkeiten gehandhabt werden, sondern als offene, willentlich veränderbare Handlungsanweisungen.

Von besonderer Bedeutung ist die Aufdeckung von Regeln in Form familiärer *Mythen,* die die Wahrnehmung der Wirklichkeit durch Legendenbildung,

Sündenbockprojektionen, Idealisierung etc. (s. Kaiser 1989, S. 55f) verhindern. Auch *Geheimnisse* (z.B. uneheliche Geburt eines Kindes; Kindesmißhandlungen; sexueller Mißbrauch etc.) verhindern eine realitätsgerechte Wahrnehmung und familiäre Anpassung.

Zuweilen bestimmen elterliche *Delegationen bzw. Vermächtnisse* Art und Inhalt wichtiger Handlungsregeln der Kinder (s. Stierlin u.a. 1977). Sie sind machtvolle Handlungsanweisungen, die eine hohe Wertepriorität haben (s. Kaiser 1989, S. 57).

b) Enge der gefühlsmäßigen Bindung und Art des Abgrenzungsverhaltens

Die Enge der gefühlsmäßigen Bindung zwischen den Familienmitgliedern bestimmt den Grad der familiären Kohäsion. Der Zusammenhalt ist um so größer, je mehr Sympathie (Liebe) die Familienmitglieder füreinander empfinden und je mehr sie sich gegenseitig bei ihrer Bedürfnisbefriedigung, Entwicklung und Problemlösung unterstützen. Die Bindung sollte weder *symbiotisch verstrickt* noch *„clinchartig"* (z.B. in Form eskalierender feindseliger Handlungen) sein, sondern in ihr sollte die Individualität und Autonomie eines jeden Familienmitgliedes einen angemessenen Stellenwert haben; denn eine hohe Kohäsion mit einer geringen individuellen Entscheidungsfreiheit ist eine genauso große Belastung wie ein geringer Zusammenhalt mit einer hohen individuellen Entscheidungsfreiheit. Der letztgenannte Zustand kann sehr schnell zu egoistischen und anarchistischen Haltungen (z.B. bei Jugendlichen) führen, wenn nämlich die bindungsmäßige Bezogenheit der individuellen Entscheidungen verloren geht (s.a. Stierlin u.a. 1977).

Psychische Probleme und starke Belastungen des familiären und individuellen Verhaltens treten auch dann auf, wenn sich *Bindungen auflösen;* dies kann z.B. dann geschehen, wenn sich Eltern von Kindern latent oder manifest trennen oder wenn sich ein Jugendlicher aus der Familie lösen will. In geringem Ausmaß treten sie aber auch in jeder Entwicklungsstufe eines Kindes auf, die zu mehr Autonomie und Unabhängigkeit führt.

Die Gestaltung der familiären Bindungen ist aber nicht nur von den gegenseitigen spontanen positiven oder negativen Gefühlen abhängig, sondern auch vom *Umgang mit abgrenzenden Transaktionen.* Diese Transaktionen sind leichter kontrollierbar als das spontane emotionale Bindungsverhalten und sie werden deshalb auch häufig als Schutzmechanismen gegen seelische Verletzungen verwendet. Beim Abgrenzungsverhalten unterscheidet man zwischen *offenen, gefühlsdurchlässigen Grenzen* und *starren, gefühlsregulierenden Grenzen;* gefährlich sind verwischende oder verdeckende Grenzsetzungen, weil sie zu Unklarheiten und gegenseitigen seelischen Verletzungen führen können (vgl. Minuchin und Fishman 1988).

Generell sollte für die Gestaltung des gegenseitigen Bindungs- und Abgrenzungsverhaltens gelten, daß sie zur Erhöhung der Handlungs- und Anpassungsfähigkeit der Familie und ihrer Mitglieder beiträgt und nicht zu ihrer Einschränkung. Wichtig ist auch, daß das Bindungs- und Abgrenzungsverhalten nicht primär als ein Selbstzweck gesehen wird (z. B. in Form eines generellen Stolzes, eine „verschworene familiäre Gemeinschaft" oder ein „sich selbst genügendes Paar" zu sein), sondern daß es in bezug auf eine differenzierte Zielsetzung angewendet wird; eine Familie oder ein Paar sollte bestrebt sein, offen und veränderungsbereit gegenüber Außenweltanforderungen zu leben und sich gegenseitig in seiner Entwicklung fördern (s. a. Olsen u. a. 1979).

Ein weiterer Aspekt des Bindungsverhaltens ist der Beitrag, den die einzelnen Familienmitglieder zum *Erhalt der Homöostase,* des Fließgleichgewichtes zwischen den Familienmitgliedern, leisten. Satir (1975, S. 149) verdeutlicht das Homöostasegeschehen durch das Bild eines Familienmobiles. Alle Familienmitglieder sind so im Familienmobile an Drähten aufgehängt, daß sie gemäß ihres besonderen familiären Einflußgewichtes in der Gesamtheit bemüht sind, einen Gleichgewichtszustand anzustreben. Verändert sich das Gewicht einer Person (z. B. durch eine erhöhte Antonomie eines Kindes oder eine Arbeitslosigkeit eines Elternteils etc.), dann kommt das Familienmobile ins Ungleichgewicht und muß neu ausgewogen werden.

Satir (S. 152) weist des weiteren darauf hin, daß jedes Familienmitglied *einen Preis dafür zahlen* muß, um das Gleichgewicht aufrecht zu erhalten. Der Preis sollte sich dabei am Ausmaß des Nährens und Förderns des gegenseitigen Selbstwertgefühles und der seelischen Entwicklung orientieren.

c) Art und Ausmaß der gegenseitigen Bedürfnisbefriedigung

Von zentraler Bedeutung für das Wohlbefinden eines jeden Familienmitgliedes ist die *Art und das Ausmaß der gegenseitigen Bedürfnisbefriedigung.* Die Familie sollte ein Netz von gegenseitigen Transaktionen zur Bedürfnisbefriedigung knüpfen (s. Brown 1978, S. 25), in dem nicht nur das Kind geistig-seelisch und körperlich genährt wird, sondern jedes Familienmitglied. Es gehört zu den vorrangigen Aufgaben eines Familiensystems, diese Funktion zu gewährleisten, weil nur auf der Grundlage einer gesicherten und zuverlässigen „emotionalen Ernährung" ein Persönlichkeitswachstum möglich ist (s. a. Satir 1975, S. 125).

Die gegenseitige Bedürfnisbefriedigung sollte sich auf die Erfüllung aller wichtigen Bedürfnisse beziehen; als da sind: physiologische Bedürfnisse; Sicherheits- und Ordnungsbedürfnisse; Empathie-, Bindungs- und Wertschätzungsbedürfnisse; Bedürfnisse nach Eigenständigkeit, Spiel, Leistung und Ich-Wirksamkeit und Bedürfnisse nach dem Aufbau eines Selbstkonzeptes und nach metaphysischer Erfahrung (s. S. 20ff).

Es ist wichtig, daß alle Familienmitglieder ihre Fähigkeiten zur Bedürfnisbefriedigung in die Familiengemeinschaft einbringen und daß zwischen allen Mitgliedern ein *wechselseitiges Geben und Nehmen im Befriedigungsaustausch* stattfindet. Die Anforderungen an das Befriedigungsverhalten sollten familiär fair verteilt sein und nicht einzelne Mitglieder (z. B. ein Kind im Fall einer Partnerersatz-Projektion) überfordern.

Die gegenseitige Bedürfnisbefriedigung erfordert sehr viel soziales Einfühlungsvermögen und die Fähigkeit, geeignete *Rahmenbedingungen zur Ermöglichung des Befriedigungserlebnisses* zu schaffen; so erfordert z. B. die Befriedigung von Zärtlichkeitsbedürfnissen einen anderen Rahmen als die Befriedigung von Leistungsbedürfnissen. Des weiteren ist die Art und das Ausmaß der zu befriedigenden Bedürfnisse vom Entwicklungsstand der Familienmitglieder abhängig; kleine Kinder bedürfen der Befriedigung anderer Bedürfnisse als Jugendliche oder Erwachsene.

Interessanterweise gibt es in Familien mit gestörten Transaktionen häufig Erwachsene, die bezüglich ihrer Bedürfnisse nach Wertschätzung, Bindungssicherheit oder Empathie den *Entwicklungsstand eines kleinen Kindes* haben. In diesem Fall müssen auch diese Familienmitglieder Hilfen bekommen, damit sie ihr entwicklungsmäßiges Defizit an emotionaler „Nahrung" befriedigen können.

Haben Erwachsene Entwicklungsdefizite in wichtigen Grundbedürfnissen, so sollte das Befriedigungsangebot von Erwachsenen und nicht von Kindern kommen. Die Benutzung eines *Kindes als Partnerersatz* für die Befriedigung von Bedürfnissen, die sich auf Erwachsene beziehen, ist nicht hilfreich, da diese Form der *Triangulation* eines Kindes dessen kindgemäße Entwicklung behindert.

Eine Triangulation oder destruktive Triade liegt nach Haley (1980) dann vor, wenn Personen in einer Dreieckskommunikation so miteinander interagieren, daß ein Bündnis zwischen einer Person aus einem System (z. B. Elternsystem) mit einer Person aus einem anderen System (z. B. Kinder- oder Großelternsystem) zu Ungunsten des dritten Dreieckspartners aus dem ersten System stattfindet. Da dieses Bedürfnis häufig geleugnet wird, führt es zu Verwirrungen, Kränkungen und – im Extremfall – zu seelischen Schädigungen aller Beteiligten.

d) Art und Ausmaß der gegenseitigen Hilfe bei der Problemlösung

Neben der Entwicklungsförderung eines jeden Familienmitgliedes stellt die *gegenseitige Hilfe bei Problemlösungsanforderungen* eine weitere zentrale Aufgabe einer Familie dar (s. S. 33). Sie ist deshalb so wichtig, weil die Fähigkeit zur Bewältigung von Problemen das Wohlbefinden und die Leistungsfähigkeit aller Beteiligten erhöht. Da als Probleme nicht nur Alltagsprobleme, sondern auch körperliche oder seelische Krankheiten, gestörte familiäre Transaktionen, Krisen oder sonstige Belastungen auftreten können, stellt die Fähigkeit zur Problembewältigung eine der Kernaufgaben der Familie dar.

Wegen dieser Bedeutung hat sich eine Forschungsrichtung zur *Familienstreßtheorie* und zu Möglichkeiten der Bewältigung der unterschiedlichen Stressoren entwickelt (s. Schneewind 1987, S. 988 ff). Als ein *Familienstressor* wird dabei nach McCubbin und Patterson (1983, S. 8) „ein auf die Familie einwirkendes Lebensereignis (...) bezeichnet, das im sozialen System der Familie Veränderungen hervorruft bzw. das Potential zur Veränderung in sich trägt. Diese Veränderung kann sich in verschiedenen Bereichen des Familienlebens äußern, wie z. B. in Grenzen, Zielen, Interaktionsmustern, Rollen oder Werten" (zit. aus Schneewind 1987, S. 994).

Zur *Streß- bzw. Problembewältigung* werden folgende Lösungsstrategien empfohlen (s. a. D'Zurilla und Goldfried 1971; Revenstorf 1985 b, S. 147 ff):

1. Definition des Problems;
2. positive Einstellung zur Problemlösung: Das Problem ist lösbar!
3. Beschreibung und Analyse der Problembedingungen;
4. Definition der Lösungsziele;
5. Sammlung von Lösungsmöglichkeiten;
6. Entscheidung für eine bestimmte Lösung;
7. Umsetzung, Überprüfung und gegebenenfalls Revision des Lösungsweges.

Wichtig für eine erfolgreiche Problemlösung ist die *Sammlung von unterschiedlichen Lösungswegen,* die möglichst in Form eines gemeinsamen familiären „brain stormings" stattfinden sollte. Im Rahmen dieses gemeinsamen Nachdenkens sollte jedes Familienmitglied seine Lösungsideen – ohne sofortige Nützlichkeitsbewertung – einbringen können. Dabei ist es hilfreich, wenn eine Atmosphäre der wechselseitigen Wertschätzung vorherrscht, in der Verunglimpflichungen und gegenseitige Kontrollen gering sind (s. Parlin und Schooler 1978; Lefcourt 1980).

Bezüglich der *Entscheidungsphase* für eine bestimmte Lösung sollten *die* Vorschläge berücksichtigt werden, die McCubbin und Figley (1983, S. 227; s. S. 33) gemacht haben: Die Probleme sollten realitätsgerecht und klar (nicht verwirrend oder verleugnend) definiert werden; sie sollten als gemeinsame

Aufgabe und nicht als Aufgabe eines Mitgliedes gesehen werden; die Bewältigung sollte lösungs- und nicht beschuldigungsorientiert vorgenommen werden; Ressourcen und Rollen sollten flexibel und möglichst ohne Machtanwendung freiwillig genutzt werden, und Gewalt, Alkohol, Medikamente oder Drogen sollten als Lösungsweg abgelehnt werden.

In Entscheidungssituationen sollten *Macht und Autorität* kompetenzabhängig und problemgemäß eingesetzt und autokratische Machtanwendungen vermieden werden. Auch sollte jedes Familienmitglied in privaten Angelegenheiten für sich selbst sprechen und freiwillig Verantwortung übernehmen können. Generell ist zu empfehlen, daß die Familie viele Tätigkeitsbereiche suchen sollte (z. B. im Freizeit- oder Urlaubsbereich), in denen eine partnerschaftliche Machtverteilung zwischen allen Familienmitgliedern möglich ist.

Auch die *Delegation* bestimmter Zuständigkeiten bei der Organisation des Familiengeschehens (z. B. für Reparaturen, Geldverwaltung, Haushaltsaufgaben etc.) sollte machtfrei vorgenommen und offen ausgehandelt werden. Sie sollte zeitlich begrenzt sein und die Möglichkeit eines Aufgabentausches offenhalten.

Feststehende, unveränderliche Machtordnungen (z. B. in Form von Hackhierarchien) sollten zugunsten flexibler, partnerschaftlicher und kompetenzabhängiger Ordnungssysteme aufgegeben werden. *Machtkämpfe* in Form „symmetrischer Eskalationen", „maligner Verklammerungen" oder „clinch-hafter" Transaktionen etc. (s. Stierlin u. a. 1977, S. 34ff) sollten aufgelöst werden und an ihre Stelle sollte eine *Ent-Bindung* und *bezogene Individuation* jedes beteiligten Familienmitgliedes treten. Bei überfordernden Delegationen sollten Entlastungen vorgenommen werden; Konfrontationen sollten abgebaut und Verdienstkonten ausgeglichen werden; das Ziel sollte eine Befriedigung oder Versöhnung der Kontrahenten sein, damit zukünftig eine freie Kommunikation über die Verteilung von Aufgaben möglich ist (s. Stierlin u. a. 1977, S. 38).

e) Art und Häufigkeit der Nutzung
   verwandtschaftlicher Unterstützung

Verwandtschaftliche Unterstützung findet im wesentlichen zwischen der Kernfamilie und der Herkunftsfamilie statt. So hilft die Herkunftsfamilie z. B. ihren Kindern, eine eigene Familie zu gründen, und die Kinder helfen den Eltern, Altersprobleme zu bewältigen. Dieses Unterstützungsverhältnis zwischen den Generationen wird von Boszormenyi-Nagy (1986) als *übergreifende Generations-Solidarität* bezeichnet.

Obwohl die Transgenerations-Solidarität in städtischen Familien durch die räumliche Trennung der Generationen nicht mehr sehr hoch ist, ist sie im ländlichen und kleinstädtischen Bereich noch recht bedeutungsvoll. Hinweise dafür liefern Untersuchungen von Hill u. a. (1970), wonach knapp ein Drittel der älteren verheirateten und 41% der verwitweten älteren Frauen im Hause ihrer Kinder leben. Fischer (1983) fand, daß 69% der von ihm befragten älteren Personen einen täglichen Kontakt mit ihren Kindern hatten.

Die Hilfe der Herkunftsfamilie für die Kernfamilie bezieht sich im allgemeinen auf eine finanzielle oder wohnungsmäßige Unterstützung und eine betreuerische Hilfe bei der Versorgung der Enkelkinder (s. Kaiser 1989, S. 81 ff). Insbesondere alleinerziehende Elternteile oder Familien mit kranken Angehörigen nutzen häufig diese Form der verwandtschaftlichen Unterstützung in die auch Geschwister oder andere Verwandte einbezogen sind.

Für diese verwandtschaftliche Hilfe müssen die Mitglieder der Kernfamilie im allgemeinen einen *Preis zahlen,* der zu Belastungen der familiären Interaktionen und – im Extremfall – zu psychischen Störungen eines Kindes führen kann. Diese Belastungen sind im wesentlichen das Ergebnis verwischter Grenzen zwischen der Herkunfts- und Kernfamilie; z.B. zwischen Schwiegermüttern und Schwiegertöchtern oder Schwiegersöhnen. Zuweilen müssen auch die Enkelkinder in Stellvertretung für ihre Eltern den Großeltern einen Preis zahlen (s. Stierlin u. a. 1977, S. 32 ff).

Weitere ökologische Einflüsse

Neben den genannten Merkmalen gibt es eine Gruppe *weiterer ökologischer Einflüsse,* die für die Entstehung gesunder oder gestörter familiärer Transaktionen verantwortlich sind. Es sind die Merkmale: f) materielle und berufliche Einflüsse; g) chronische Erkrankungen von Familienmitgliedern; h) staatliche Einflüsse durch Gesetze und Hilfsorganisationen (z.B. des Gesundheitswesens, der Schulen oder sozialen Dienste); i) Einflüsse der Wohngegend und der Größe und des Zustandes der Wohnung.

Die einzelnen Merkmale sollen hier nicht näher spezifiziert werden (ausführliche Informationen sind bei Vaskovics, 1982; oder Kaiser 1989 nachzulesen); es soll nur darauf hingewiesen werden, daß chronische Erkrankungen eines Kindes – oder anderer Familienmitglieder – einen starken Einfluß auf die Streßbelastung der Familie haben können. Dabei können nicht nur körperliche Erkrankungen wie z.B. Krebs, Rheuma, Diabetes etc. einen belastenden Einfluß haben, sondern auch Intelligenzbehinderungen, psychotische Erkrankungen, Neurosen, Süchte etc. (s. a. Petermann u. a. 1987).

4.1.1.2 Individuelle psychologische Einflüsse auf den Erwerb von Handlungsweisen

Im folgenden sollen die *individuellen psychologischen Handlungskomponenten* zum Erwerb von kindlichen Handlungsweisen vorgestellt werden. Hierüber gibt es im klientenzentrierten Schrifttum eine Vielzahl von Annahmen, die im wesentlichen von Rogers stammen. Ich werde mich in meinen Ausführungen auf diese Annahmen beziehen. Sie sind von Rogers erstmals 1959 in seinem wegweisenden Aufsatz: „Theorie der Psychotherapie, der Persönlichkeit und der zwischenmenschlichen Beziehungen" (dt. 1987) veröffentlicht worden.

Im Gegensatz zu den sozialökologischen Familieneinflüssen habe ich versucht, die individuellen psychologischen Einflußbedingungen in einem *Prozeßmodell* zusammenzufassen (s. a. Schmidtchen 1989b), so daß die systemtheoretische Forderung nach einer wechselseitigen Verknüpfung der einzelnen, ein System konstituierenden Bedingungen, erfüllt wird. Die Erstellung des Prozeßmodelles war möglich, weil sich die Rogerschen Annahmen mit gewissen Erweiterungen in ein Systemmodell der menschlichen Handlungsorganisation und Informationsverarbeitung einfügen lassen (vgl. Schmidtchen 1989a, S. 57 ff).

In Abbildung 2 werden die einzelnen psychologischen Handlungskomponenten des Prozeßmodelles dargestellt. Es sind folgende Prozeßmerkmale:

a) Motivations- und Energetisierungsprozesse;
b) Wahrnehmungsprozesse;
c) emotionale und kognitive Bewertungsprozesse;
d) Symbolisierungsprozesse;
e) Planungs- und Zielgebungsprozesse;
f) Rückmeldungsprozesse;
g) motorisches und emotionales Ausführungsverhalten.

In diesem Prozeßmodell sind einige der Rogerschen Annahmen durch neuere Konzepte ergänzt worden; so werden z. B. Aussagen zur bildhaft-szenischen Repräsentation von Erfahrungen im Gedächtnis gemacht, die den Besonderheiten der spielbezogenen Informationsverarbeitung besser genügen, als nur sprachlich-begriffliche Repräsentationen. Auch die Einführung des *Komponentenkonzeptes* ist neu. Es soll ermöglichen, jede Handlungsweise in Form einer zielgerichteten, intrinsisch-motivierten und eigenständig regu-

48

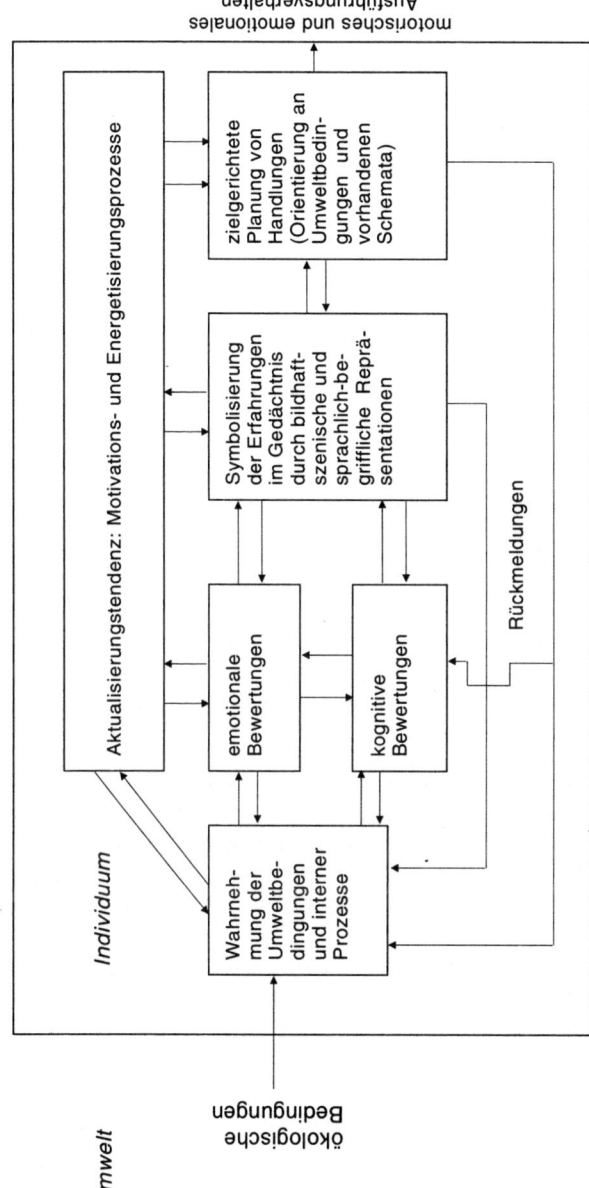

Abb. 2. Prozeßmodell der menschlichen Handlungsorganisation

motorisches und emotionales
Ausführungsverhalten

Individuum

Aktualisierungstendenz: Motivations- und Energetisierungsprozesse

zielgerichtete Planung von Handlungen (Orientierung an Umweltbedingungen und vorhandenen Schemata)

Symbolisierung der Erfahrungen im Gedächtnis durch bildhaft-szenische und sprachlich-begriffliche Repräsentationen

emotionale Bewertungen

kognitive Bewertungen

Rückmeldungen

Wahrnehmung der Umweltbedingungen und interner Prozesse

Umwelt

ökologische Bedingungen

49

lierten internen Handlungssequenz (z. B. zur Befriedigung eines bestimmten Bedürfnisses) zu beschreiben.

Im folgenden sollen die einzelnen *Prozeßmerkmale der Handlungsorganisation* näher beschrieben werden:

a) Motivations- und Energetisierungsprozesse
   (Aktualisierungstendenz)

Nach Rogers (1959, S. 196f) bezeichnet die Aktualisierungstendenz „... die dem Organismus innewohnende Tendenz zur Entwicklung aller seiner Möglichkeiten in der Weise, daß sie der Erhaltung oder Förderung des Organismus dienen. Die Tendenz beinhaltet nicht nur die Erfüllung der Maslowschen Bedürfnisse nach Luft, Essen, Wasser usw., sondern auch die Entwicklung von Organen und Funktionen, das Wachstum der Persönlichkeit, die Expansion von Fertigkeiten zur Umweltbewältigung durch den Gebrauch von Werkzeugen und die Ausweitung und Verbesserung durch Reproduktion. Angestrebt ist eine individuelle Entwicklung in Richtung auf mehr Selbständigkeit (Autonomie), weg von Unselbständigkeit oder Kontrolliertheit durch äußere Kräfte".

Dieses sehr allgemeine Entwicklungs- bzw. Wachstumskonzept soll in der hier skizzierten Verhaltenskonzeption so konkretisiert werden, daß in ihm *Zielgebungs- und Aktivierungsprozesse* (Motive) beschrieben werden, die für die Ermöglichung einer gesunden Umweltanpassung und eines eigenständigen Lebens notwendig sind. Dies kann im Rahmen wichtiger Schemata geschehen, die vom Menschen von Beginn der Geburt an gelernt und immer wieder dem jeweiligen sensomotorischen, körperlichen und geistigen Entwicklungsstand sowie den jeweiligen Umweltanforderungen angepaßt werden. Die Anpassung der Schemata geschieht durch Assimilations- und Akkommodationsprozesse; die Aktivierung und Zielgebung dieser Prozesse ist eine der wichtigsten Aufgaben der Therapie. Diese Ansicht wird auch von Grawe (1987, S. 75) vertreten, der schreibt:

„Der für die Psychotherapie wichtigste Teil des Schema-Konstruktes ist seine *motivationale,* die psychische Prozesse energetisierende und richtungsgebende Komponente. Aktivierung eines Schemas bedeutet, daß die psychische Aktivität darauf ausgerichtet wird, Wahrnehmungen im Sinne der Zielkomponente des Schemas herbeizuführen. Solche Wahrnehmungen können z. B. durch auf die Umgebung einwirkende Handlungen erzeugt werden. Ebenso wie Piaget (1969) bezeichnen wir diese unmittelbar handlungssteuernden Komponenten von Schemata als *Pläne.* Umgebungsbezogene Handlungen sind jedoch nicht die einzige Art, Wahrnehmungen im Sinne der aktivierten Schemata zu erzeugen; dies geschieht auch in Form von Phantasien, Erinnerungen, Wahrnehmungsverzerrungen, Träumen usw. All' unser Erleben und Verhalten ist Produkt der jeweils aktivierten Schemata."

Das Schemakonzept hat den Vorteil, daß im Rahmen der generellen Aktualisierungstendenz einzelne definierbare *Motivationsquellen und Handlungsziele* operationalisiert werden können. Damit ist es möglich, konkrete Therapie- und Sozialisationsschritte auf einer Mikroverhaltensebene zu definieren und eine detaillierte Diagnostik von gestörten Handlungsweisen vorzunehmen (s. Kap. 5).

Inhaltlich lassen sich die wichtigsten Motivations- und Energetisierungsprozesse der Aktualisierungstendenz auch als spezielle *seelischkörperliche Wachtumsprozesse* bezeichnen. Durch sie ist der menschliche Organismus bestrebt, sich beständig in der Interaktion mit seiner Umwelt weiterzuentwickeln und ein Selbstkonzept und -verhalten anzustreben, das dem Idealbild einer *voll handlungs- und erlebnisfähigen Person* entspricht (s. Kap. 3.1).

Bei der Erreichung dieses Zieles hat die *Familie eine wichtige Erziehungsfunktion.* Diese wird von Luthman und Kirschenbaum (1977, S. 48) wie folgt charakterisiert:

„Jedes Energiesystem ist dann am gesündesten und hat die größte Ausstrahlung, wenn es wächst, sich verändert und ständig expandiert, wie es seinem eigenen Wachstumsrhythmus entspricht. Unglücklicherweise ist ein Großteil unserer Erziehung von Kindheit an auf die Suche nach Sicherheit, äußerlichen Erfolgserlebnissen und Stabilität ausgerichtet – alles das genaue Gegenteil von Veränderung und Wachstum. Es gibt keine absolute Sicherheit – nur der Tod ist sicher. Der Organismus muß Wege des Denkens, Seins und Wirkens erlernen, die seine natürliche Neigung zu Wachstum und Veränderung unterstützen, sonst wird er in Angst und Unwissenheit steckenbleiben, und es werden sich Krankheitssymptome entwickeln."

Für Eltern und Kindertherapeuten ergibt sich aus dieser Forderung, daß die Fähigkeiten des Kindes zum körperlichen und geistig-seelischen Veränderung voll unterstützt werden müssen und daß dazu Aufgaben und Anregungen zur Wachstumsstimulation anzubieten sind.

b) Wahrnehmungsprozesse

Da die Umweltbedingungen und internen Handlungsprozesse durch *Wahrnehmungsfilter* gesehen und gedeutet werden, ist das menschliche Verhalten nicht nur von den „real" existierenden Bedingungen und Prozessen abhängig, sondern auch von den *Sichtweisen* bzw. Deutungen, die sich ein Individuum von den externalen und internalen

Prozessen macht. Diese Sichtweisen (z. B. in Form bestimmter Erklärungs- bzw. Interpretationsmuster des Selbst-, Welt- oder Beziehungskonzeptes) können die „realen" Umweltbedingungen sehr stark verzerren, verfälschen oder verleugnen. Sie lassen sich durch Psychotherapie beeinflussen.

Wahrnehmungsverzerrungen und -verleugnungen treten nach Rogers (1959, S. 205) dann auf, wenn die realen Wahrnehmungsinhalte mit wichtigen Aspekten der Selbstkonzeptannahmen unvereinbar sind und wenn sie nicht direkt und frei der Bewußtwerdung zugänglich gemacht werden können. Dabei wird die „Bewußtwerdung" im Sinne einer „freien Nutzung von Erfahrungen" definiert und nicht im Sinne des psychoanalytischen Bewußtseinskonzeptes.

Verzerrungen und Verleugnungen und alle anderen möglichen Formen einer fehlerhaften Symbolisierung, z. B. in Form von Abwehrmechanismen (s. Ehlhardt 1988), werden auch dann vorgenommen, wenn die Wahrnehmungserfahrungen als zu bedrohlich eingeschätzt werden und Angst oder andere unangenehme Gefühle hervorrufen. Sie werden deshalb den internen Verarbeitungsinstanzen als verzerrte oder verleugnete Informationen zugeführt.

Da unsere Wahrnehmung zudem eng von der Funktionsfähigkeit und Art unserer wahrnehmenden Sinnesorgane (z. B. Sehsinn, Hörsinn, Tastsinn, Körpersinn, Geruchssinn, Geschmackssinn) abhängig ist, können *Wahrnehmungseinschränkungen* auch auf *körperliche Fehlfunktionen* der Sinnesorgane zurückzuführen sein. So ist es denkbar, daß bestimmte Sinnesorgane wie z. B. der Sehsinn oder Körpersinn nur bedingt zur Wahrnehmung verwendet werden können und daß damit wichtige visuelle oder motorische Informationen nicht aufgenommen werden.

Wahrnehmungseinschränkungen bei Kindern und Erwachsenen können häufig auch aufgrund *geringer Übung* der wahrnehmenden Sinnesorgane oder aufgrund *senso-motorischer Vernachlässigung* eintreten. Hier empfehlen sich neben einer angemessenen Elternberatung auch motopädagogische bzw. bewegungs- und körpertherapeutische Übungen (s. Schmidtchen 1989a).

Die Wahrnehmungsstörungen aufgrund verzerrter, verfälschter oder geleugneter Sichtweisen können bei Kindern am ehesten durch eine Spieltherapie kompensiert werden, weil das Kind im Rahmen seiner Spielhandlung und mit Hilfe einer realitätsbezogenen therapeutischen Interpretation der Wahrnehmungsinhalte seine fehlerhaften Sichtweisen korrigieren kann. Dabei wird primär die *internalisierte* Umwelt korrigiert und nicht die reale, externale Umwelt. Letztere wird vorrangig im Rahmen der Familientherapie korrigiert; deren Zielsetzung ist primär auf die Veränderung der realen Umweltbedingungen ausgerichtet. – Die Spieltherapie kann also primär als eine Therapie zur Veränderung der inneren Weltsicht angesehen werden und die Familientherapie als eine Therapie zur Veränderung der äußeren Welt.

c) Emotionale und kognitive Bewertungsprozesse

Die wahrgenommenen Umweltreize lösen im menschlichen Informationsverarbeitungssystem Bewertungsprozesse aus, die Rückwirkungen auf die Interpretation des Wahrgenommenen haben und eine Intensivierung oder Beendigung der Wahrnehmungsvorgänge veranlassen. Aufgrund neuerer Forschungen (s. Izard 1978; 1981; Leventhal 1980; Revenstorf 1985 a; Case u. a. 1988) ist davon auszugehen, daß die ersten *Bewertungsprozesse* im Verlauf der Ontogenese eines Kindes primär *emotionaler Art* sind und vermittels folgender angeborener Affektmuster (s. Izard 1981) stattfinden: Interesse; Freude (Wohlbehagen); Überraschung (Erstaunen); Kummer (Schmerz); Ärger (Wut); Ekel (Widerwillen); Geringschätzung (Verachtung); Furcht (Angst); Scham (Scheu) und Schuldgefühle (Reue). Sie haben die biologische Funktion, „... das Überleben und die Reproduktion des Organismus zu gewährleisten" (s. Case u. a. 1988, S. 9).

Als *emotionale Bewertungen* sollen gefühlsmäßige Reaktionen auf äußere und innere Wahrnehmungsereignisse bezeichnet werden, die im wesentlichen unter den Aspekten: *angenehm – unangenehm* oder *nicht bedrohlich – bedrohlich* vorgenommen werden. Die Reaktionen sind Ausdruck von Gefühlen, deren muskuläre Reaktionsmuster und neurophysiologische Steuerungen angeboren sind.

Ganz im Sinne von Case u. a. (1988) hat auch Rogers (1959, S. 210) erkannt, daß sich die emotionalen Bewertungen vorrangig an *organismischen Reaktionen* orientieren, die die Erfüllungsbedürftigkeit und das Befriedigungsausmaß von Bedürfnissen anzeigen; d. h. also, daß ein junges Kind mit seinem Gefühlssystem signalisiert, welche Bedürfnisse im jeweiligen Moment nach Befriedigung streben und in welchem Ausmaß ein Bedürfnis durch Mutter oder Vater befriedigt worden ist.

Mit zunehmender Reifung des Gehirns bekommen *kognitive Bewertungen* neben den emotionalen eine größere Bedeutung für die Handlungsorganisation. Sie sind sehr eng mit den emotionalen Bewertungen verknüpft (s. Rogers 1959 und Leventhal 1980). Rogers (1959, S. 198) weist darauf hin, daß Kinder viele kognitive Bewertungen von ihren Eltern in Form von *verinnerlichten Bewertungsstandards* bzw. *-bedingungen* übernehmen. Dies geschieht dadurch, daß die positive Beachtung einer Bezugsperson an Bedingungen geknüpft ist und daß die Kinder die elterliche Zuwendung häufig nur dann bekommen können, wenn sie sich gemäß der elterlichen Bewertungsstandards verhalten und diese introjizieren. Wenn die so übernommenen kognitiven Bewertungsstandards nicht mit den emotionalen (Rogers spricht von „organismischen") Bewertungen oder den selbst gelernten kognitiven Standards übereinstimmen, können Diskrepanzen entstehen, die zu Bewertungshemmungen oder Fehlbewertungen führen und eine gesunde Selbstverwirklichung und Umweltanpassung behindern können. Sie müssen dann durch eine Therapie korrigiert werden.

Generell sollte es das Ziel einer hilfreichen Sozialisation und Therapie von Kindern sein, dem Kind Bewertungsmaßstäbe zu vermitteln, die seine Individualität berücksichtigen und die ein gesundes seelisch-körperliches Wachstum ermöglichen. Um dieses Ziel zu erreichen, sollten die von den Eltern vermittelten Bewertungsstandards möglichst mit den späteren vom Kind selbst zu erwerbenden Standards übereinstimmen.

d) Symbolisierungsprozesse

Um die wahrgenommenen Umweltbedingungen und internen Prozesse erkennen und verstehen zu können, müssen sie mit Bildern, Begriffen, Mustern, Gefühlserfahrungen etc. verglichen werden, die im Gedächtnis repräsentiert sind. Dabei gilt, daß man nur *die* Außen- oder Innenweltereignisse verstehen kann, die bereits in Form von symbolisierten Erfahrungen im Gedächtnis abgebildet sind. Verständnis, d. h. Bedeutungsgebung, setzt also einen Vergleich der wahrzunehmenden Ereignisse mit im Gedächtnis vorhandenen Symbolisierungen dieser Ereignisse voraus.

Wahrnehmungen, für die es bisher keine Symbolisierungen gibt, werden in der ersten Wahrnehmungsphase nicht verstanden. Für sie müssen erst *neue Symbolisierungen* gefunden werden. Dies geschieht bei Kindern vorwiegend im Rahmen von Spieltätigkeiten. Hier probieren sie aus, inwieweit die neuen Erfahrungen in bekannte Wahrnehmungs- und Erfahrungsmuster einzupassen sind (Assimilationsprozesse) oder ob neue Muster zu entwickeln sind (Akkommodationsprozesse). Andere kindliche Tätigkeiten zur Symbolisierung von Erfahrungen stellen die Traumtätigkeit, die Denktätigkeit oder die Sprachtätigkeit dar.

Die Symbolisierung kann bildhaft-szenisch, sprachlich-begrifflich, akkustisch, motorisch oder olfaktorisch vorgenommen werden.

Die *bildhaft-szenische, akkustische oder motorische Symbolisierung* hat bei Kindern ein besonderes Gewicht, weil die Sprache erst später erlernt und zur Begriffsbildung verwendet wird. Im Gedächtnis werden die wahrgenommenen Außenweltereignisse in Bildern und Bildfolgen, kombiniert mit motorischen, gefühlsmäßigen oder anderen Sinneserfahrungen, abgebildet. Durch die vielen differenzierten Kombinationsmöglichkeiten der bildhaft-szenischen Muster mit anderen Sinneserfahrungen, liegt ein hoher Übungsbedarf für Kinder vor, der die intensive Nutzung von Spieltätigkeiten erklärt.

Die *sprachlich-begriffliche Symbolisierung* beginnt mit der Fähigkeit zum Sprechen und zur Begriffsbildung (etwa vom ca. 1 ½ Lebensjahr an). In ihrem Rahmen werden die Wahrnehmungsinhalte in *sprachliche Kategorien* eingeordnet, die die Kinder von den Eltern und anderen Bezugspersonen erlernen. Durch diese sprachlichen Schablonen und durch die Grammatik der Sprache kann das Wahrgenommene verstanden, aber auch verfälscht werden (s. Revenstorf 1985a). Diese Erkenntnis hat zu einer psychotherapeutischen Forschungsrichtung geführt, die *neurolinguistisches Programmieren* genannt wird (s. Bandler und Grinder 1983). In diesem Konzept wird die Abhängigkeit der Wahrnehmung und der durch sie bestimmten Handlungen von sprachlichen Symbolisierungen und grammatikalischen Prozessen untersucht und therapeutisch verändert (s. Bandler und Grinder 1981).

In diesem Zusammenhang soll noch einmal daran erinnert werden, daß alle Komponenten des kindlichen *Selbst-, Welt- und Beziehungskonzeptes* in Form von sprachlich-begrifflichen und nicht-sprachlichen Symbolisierungsmustern im Gedächtnis repräsentiert sein müssen und daß eine Korrektur oder Erweiterung dieser Muster neue Erfahrungen in Selbst-, Welt- und Beziehungsangelegenheiten voraussetzt sowie die Möglichkeit zur Assimilation oder Akkommodation der bisherigen Muster.

e) Planungsprozesse

Planungsprozesse haben eine wichtige Steuerungsfunktion für die Organisation und Durchführung von zielgerichteten Handlungen. In den Plänen wird in Form *detaillierter Ablaufprogramme* festgelegt, welche Verhaltensschritte zum Erreichen welcher Ziele, in welcher spezifischen Situation und in welcher Reihenfolge vorzunehmen sind. Die Ablaufprogramme liegen als *Planhierarchien* vor, so daß es Oberpläne, Unterpläne, Unter-Unterpläne etc. gibt. Jeder Plan ist nach den gleichen Prinzipien organisiert und enthält Ziele und spezielle Zielerreichungsmethoden (s. a. Schmidtchen 1989a, S. 67ff). Die Pläne sind ein wichtiger Bestandteil von Handlungsprogrammen, denn sie steuern und konkretisieren die einzelnen Handlungsschritte.

Psychische Störungen aufgrund gestörter Planungsprozesse ergeben sich häufig dann, wenn die Organisation der Pläne nicht ziel- und situationsadäquat ist oder wenn auf der Ebene der Unter- oder Unter-Unterpläne keine angemessenen Ablaufprogramme vorliegen. Konkret kann dies für Kinder bedeuten, daß sie z.B. das Bedürfnis nach Wertschätzung oder Autonomie auf einer globalen Zielebene haben, aber nicht wissen, wie sie es in einer bestimmten Verhaltenssituation mit dem Therapeuten, der Mutter oder dem Vater umsetzen können. Dies können sie in der Spieltherapie lernen.

f) Rückmeldungsprozesse

Rückmeldungsprozesse haben ebenfalls eine herausragende Bedeutung für eine zielkorrigierte Verhaltensorganisation, denn sie ermöglichen eine Korrektur der internen Handlungsprozesse und des emotional-motorischen Ausführungsverhaltens. Treten Abweichungen vom gewünschten Ziel ein, so gehen darüber Rückmeldungen an alle Instanzen der Handlungsorganisation, die zu Korrekturen der einzelnen Funktionsprozesse führen können.

Da auch die Rückmeldungsprozesse gelernt werden müssen, ist es denkbar, daß viele gestörte Handlungsweisen des Kindes auf gestörte Rückmeldungen zurückzuführen sind, und da das Erlernen eines eigenständigen Rückmeldungsverhaltens eine angemessene Hilfe durch *Fremdrückmeldungen* (z.B. durch die Eltern) erfordert, ist es für Kinder wichtig, von ihren Bezugspersonen eine möglichst *exakte und realitätsgerechte Rückmeldungshilfe* zu bekommen. Diese zu geben, ist sehr schwierig, weil sich die Fremdrückmeldung an der internen Handlungsorganisation des Kindes orientieren muß und nicht an der der Erzieher. Deshalb erfordert eine *kindzentrierte Rückmeldung* vom Erzieher eine deutliche Unterscheidung zwischen den eigenen und den kindlichen Handlungskomponenten. Fehlt diese Unterscheidung, dann können Rückmeldungsvermischungen und damit gestörte Selbstrückmeldungsprozesse des Kindes auftreten. Das Kind erlernt dann kein exaktes, an den eigenen Interessen orientiertes Rückmeldungsverhalten.

g) Motorisches und emotionales Ausführungsverhalten

Das motorische und emotionale Ausführungsverhalten stellt das *sichtbare Ergebnis* der internen Handlungsorganisation dar. Es ist sowohl von den Organisationsprozessen als auch von den Fähigkeiten zur motorischen und emotionalen Ausführung abhängig. Störungen des Ausführungsverhaltens können damit eine organische oder psychische Ursache haben.

Wie die Prozesse der internen Handlungsorganisation, müssen auch die motorischen und emotionalen Ausführungshandlungen, insbesondere bezüglich ihrer geordneten sequentiellen Verknüpfung, gelernt werden. Sie stellen komplizierte Muster der senso-motorischen Koordination dar, die eine ausgereifte und trainierte Fein- und Grobmotorik erfordern. Störungen der organischen Komponente der Motorik lassen sich durch motorische Funktionstrainings (z. B. in Form von Bewegungs- bzw. Körpertherapie) behandeln (s. Schmidtchen, 1989 a). Störungen der Wechselwirkung zwischen den Organisationsprozessen und Ausführungshandlungen können jedoch gut im Rahmen von Spieltätigkeiten behandelt werden. Dabei sollte es sich um Spiele innerhalb und außerhalb des Hauses handeln. Im Rahmen dieser Spieltätigkeiten können die einzelnen motorischen Prozesse und ihre Verknüpfungen mit den Organisationsprozessen so oft variiert werden, wie es erforderlich ist.

Die *therapeutische Nutzung des Spiels* bezieht sich also nicht nur auf die Beeinflussung interner Handlungsorganisationsprozesse, sondern auch auf das Üben von motorischen Ausführungshandlungen. Von besonderer Bedeutung ist dabei die zielgerichtete Verknüpfung von sensorischen, emotionalen, kognitiven und motorischen Prozessen.

4.1.2 Praktische Konsequenzen des Verhaltenskonzeptes

Das skizzierte Konzept ökologischer und psychologischer Verhaltensbedingungen hat zahlreiche Konsequenzen für die Spiel- und Familientherapie, denn es dient zur Analyse der Störungsursachen, zur Bestimmung der Therapieziele und zur therapeutischen Strategienbildung. Zum letztgenannten Aspekt sollen im folgenden einige Aussagen gemacht werden.

4.1.2.1 Förderung der Selbständigkeit und Erlebnisfähigkeit

Generell läßt sich aus dem Verhaltenskonzept, insbesondere den Annahmen zur zirkulären Kausalität des Verhaltens, ableiten, daß es für die Unterstützung des Heilungsverhaltens aller Familienmitglieder sinnvoll ist, wenn nicht nur das Kind, sondern jedes Mitglied der Familie Verantwortung für seinen Beitrag am gestörten Interaktionsverhalten des Kindes übernimmt. Diese therapeutische Maxime ist wichtig, damit Verhaltensänderungen nicht zuerst von anderen Familienmitgliedern erwartet werden, sondern von einem selbst. Aufgrund des Konzeptes der „kreisförmigen" Kausalität trägt *jeder am Problemverhalten beteiligte Interaktionspartner* für seinen Verhaltensanteil *Verantwortung*. Diese Verantwortung ist mit Hilfe des ökologischen und psychologischen Bedingungskonzeptes für gestörtes und gesundes

Verhalten detailliert zu analysieren und in heilungsförderndes Ziel-verhalten umzusetzen.

Aus der Maxime der individuellen Verantwortung eines jeden Familienmitgliedes folgt auch, daß nicht vorrangig der Therapeut für den Therapieerfolg von Eltern und Kind verantwortlich ist, sondern die Familienmitglieder; denn nur sie allein können bestimmen, ob – und wie – sie sich im Sinne der Therapieziele verhalten wollen. Sie sind es, die ihre Verhaltensmuster ändern müssen, denn der Therapeut ist kein Mitglied des familiären Systems.

Der Therapeut sollte statt dessen als *Förderer eines selbstverant-wortlichen familiären und individuellen Handelns* auftreten und nicht als Verursacher.

Insofern ist das therapeutische *Direktivitätsverhalten* in der klientenzentrier-ten Spiel- und Familientherapie im Vergleich zu anderen Therapierichtungen (z. B. der strategischen Familientherapie von Haley, 1980; oder Selvini-Palaz-zoli u.a., 1978) erheblich *eingeschränkt*. Ausnahmen werden nur für die Situationen empfohlen, in denen die Familienmitglieder unfähig sind, selbst-verantwortlich zu handeln oder in denen einzelne Familienmitglieder andere bedrohen oder unterdrücken. Dann sollte der Therapeut deutlich Direktiven zur Ermöglichung heilungsfördernder Rahmenbedingungen geben (s. a. S. 103).

Eine zweite wesentliche therapeutische Handlungsstrategie besteht in einer *Zentrierung auf die Gefühls- bzw. Erlebnisanteile* im Verhalten von Eltern und Kind. Nach Gendlin (1981, S. 85) ist für Veränderungsprozesse nicht so sehr der Inhalt von Handlungen wichtig, sondern die Art, *wie* jemand die Handlungen erlebt. Diese Art beeinflußt das Verständnis des Inhaltes und die Konsequenzen, die man aus diesem Verständnis zieht. Für das strategische Handeln in der Spiel- und Familientherapie folgt daraus, daß Kinder, Eltern und Therapeuten dazu ermutigt werden sollten, offen und möglichst eindeutig ihre Gefühle zu zeigen und sich über deren Erlebnis- und Bedeutungs-wirkung bei jedem Therapiemitglied zu verständigen. Unter diesem Gesichtspunkt kann die Therapie auch als eine *gefühls- bzw. erlebnis-aktivierende Therapie* bezeichnet werden.

Da Gefühle aber sehr eng mit Kognitionen, d. h. rationalen Handlungselementen, verbunden sind, ist ein nur gefühlsorientiertes therapeutisches Vorgehen fehlerhaft; insofern müssen auch die Inhalte des Kommunizierten berücksichtigt werden. Die Therapie sollte strategisch in mehreren Schritten ablaufen, in denen nach der Gefühls- bzw. Erlebnisaktivierung die Kognitionsaktivierung folgen sollte. In der Endphase sollten dann beide Aspekte gleichzeitig berücksichtigt werden.

Eine alleinige Konzentration auf Gefühls- oder Erlebnisprozesse ohne eine Verbindung zu Kognitionen, bringt die Gefahr mit sich, daß die intellektuellen und strukturierenden Potenzen der Personen vernachlässigt werden, so daß Probleme – wenn überhaupt – nur unzureichend gelöst werden können. Eine alleinige Konzentration auf Kognitionsprozesse hingegen bringt die Gefahr mit sich, daß durch die Nichtberücksichtigung von Gefühlen und Erlebnissen das Leben als leer und sinnlos erfahren wird. In diesem Fall laufen die Menschen Gefahr, das emotionale Band zwischen sich und zur Natur zu verlieren und ihre Fähigkeiten zur Empathie, zur Mitfreude, zum Mitleid, zur Zärtlichkeit, zur Erotik, zur Intuition, zur Kreativität oder zur künstlerischen Gestaltung zu vernachlässigen. – Da zudem gefühlsfördernde Lernerfahrungen am besten in *angstakzeptierenden* und *neugierigen Stimmungen* stattfinden können, ist es sinnvoll, im spiel- und familientherapeutischen Setting Bedingungen und Situationen anzustreben, in denen diese Stimmungen entstehen können.

Die Neugierde und viele andere Gefühle werden am intensivsten in *Problem- und Konfliktsituationen* geweckt. Deshalb ist es strategisch nützlich, wenn in der Spiel- oder Familientherapie viele Problem- und Konfliktsituationen auftreten. Bedacht werden muß nur, daß die Klienten in ihren Fähigkeiten zum emotionalen Ertragen der Situation nicht überfordert werden und daß sie genügend innere Kraft und Ruhe finden können, ihre kognitiven und emotionalen Potenzen zur Problemlösung zu aktivieren.

Haben Familienmitglieder *Angst* vor bestimmten Situationen, Personen, Gedanken oder Gefühlen, so sollte die Angst ernst genommen und nicht beschönigt oder verleugnet werden. Der Therapeut sollte seinen Erwachsenen- und Kinderklienten helfen, sich in Angstsituationen zu entspannen; im übrigen sollte jeder Mensch akzeptieren, daß es zu einem aktiven Leben gehört, daß Ängste auftreten und daß man mit einer gewissen Anzahl von Ängsten leben muß. Ängste sollten ihren handlungsvermeidenden, phobischen Charakter verlieren. Nur dann ist es möglich, zu einer einflußreichen, voll handlungsfähigen Person zu werden.

Für die Spieltherapie ist der heilungsfördernde Effekt des kindlichen Problemlösungsverhaltens bereits empirisch nachgewiesen worden (s. Schmidtchen 1978a; Hennies 1988). Es wurde gefunden, daß das Ausmaß und die Qualität des in der Spieltherapie gezeigten Problemlösungsverhaltens signifikant mit dem Abbau von Verhaltensstörungen korreliert.

Sehr lernanregend dürfte in der Familientherapie auch die Verbesserung des *Kommunikationsstiles* zwischen den Familienmitgliedern in Konfliktsituationen sein; sollte es den Mitgliedern gelingen, statt abwertender oder anklagender Beiträge wertschätzende Beiträge zu liefern, so dürfte die daraus resultierende Respektierung und Hilfsbereitschaft das kreative Finden neuer Konfliktlösungsstrategien erleichtern.

Aus dem Gesagten folgt, daß es in der Spiel- und Familientherapie *heilungsfördernd* ist, wenn im aktuellen Hier und Jetzt der Therapie-situation *Probleme und soziale Konflikte auftreten.* Diese Probleme sollten von den Klienten möglichst allein und – auf Anfrage – mit Hilfe des Therapeuten gelöst werden. Da das Lösungsverhalten häufig mit dem Erleben intensiver Gefühle von Wut, Enttäuschung, Ärger, Resignation etc. verbunden ist, können die Therapiestunden zuweilen sehr dramatisch und gefühlsintensiv ablaufen und erfordern vom Therapeuten viel Geschick und Geduld im Umgang mit Gefühlen.

4.1.2.2 Förderung von Wachstumsprozessen

Die *Aktivierung von Energien und Strebungen zum seelisch-geistigen Wachstumsverhalten* ist von besonderer heilungsfördernder Bedeutung. Das Wachstums- bzw. Aktualisierungsverhalten basiert auf dem angeborenen Impuls, daß jeder Mensch von Beginn seiner Zeugung an bestrebt ist, seine genetisch angelegten Reifungsmöglichkeiten zu erreichen und sich den Anforderungen seiner Lebensumwelten in optimaler Weise anzupassen. Seelisch-geistiges Wachstum heißt also *Reifung und Entwicklung* zum Überleben des Menschen und zur optimalen Bewältigung seiner Umweltanforderungen.

Leider sind die speziellen *seelischen, körperlichen und geistigen Zielsetzungen des Wachstumsverhaltens* wissenschaftlich noch nicht hinreichend genug bekannt, so daß man sich diesbezüglich nur auf hypothetische Annahmen beziehen kann. Solche Annahmen liegen z. B. von Luthman und Kirschenbaum (1977, S. 218) vor. Sie schreiben:

Geistig-seelisches Wachstum bedeutet häufig, daß der bisherige Lebensplan umorganisiert werden muß; es bedeutet, „... daß der einzelne sich von der äußeren Unterstützung einem inneren System und Prozeß als der Grundlage seiner Lebenseinstellung" zuwendet und daß seine Entwicklung nicht mehr davon abhängt, „ob er eine bestimmte Beziehung, Familienstruktur, Arbeitsstelle, Haltung oder ein bestimmtes Auftreten, Aussehen, Zuhause oder Geschäft hat". Wichtig ist statt dessen, daß er seine Fähigkeiten entwickelt, und „... seine Einzigartigkeit so zum Ausdruck bringt, daß sie zu ihm paßt." (...)
„Die Unterstützung von außen wird dabei nicht etwa unwichtig, sie nimmt nur einen anderen Platz in seinem Leben ein. Er wird nicht mehr mit dem Kopf durch die Wand wollen. Seine Beziehungen und seine Arbeit müssen ihm so angemessen sein, daß sie sein Wachstum nicht behindern (...)."

Diese Ziele gelten im wesentlichen für Erwachsene und nicht für Kinder, denn Kinder sind in ihrem Wachstumsverhalten in höherem

Ausmaß von äußerer Unterstützung abhängig als Erwachsene. Kinder müssen deshalb für ihr Wachstumsverhalten zweierlei lernen: Einerseits die optimale Nutzung von *Fremdhilfe* und andererseits die optimale Nutzung von *Selbsthilfe*. Beide Hilfsquellen sind notwendig, denn es gibt immer wieder Situationen, in denen die Kinder die Unterstützung von außen brauchen, und es gibt mit zunehmender Autonomie immer mehr Situationen, in denen sie ihr Wachstum eigenständig fördern können. Eine gute Pädagogik und Therapie von Kindern erfordert deshalb, die Kinder zu lehren, die Übergänge von einer notwendigen Fremdhilfe zur Selbsthilfe zu erkennen und sie immer wieder zu ermuntern, sich möglichst viel selbst zu helfen.

Erfahrungen zum Umgang mit Selbst- und Fremdhilfe bei der Wachstumsförderung lassen sich am ehesten im Rahmen von Spieltätigkeiten erwerben. Die besondere „Als-ob-Situation" des Spiels (d. h. die eingeschränkte Gültigkeit der Realitätsgrenzen), und die Freiheit der Spielwahl ermöglicht neben der Förderung intrinsisch motivierter Handlungen (s. Kap. 2) eine unendliche Vielzahl von Selbständigkeitshandlungen.

In der Literatur zur kindlichen Wachstumsförderung durch Psychotherapie wird häufig die Behauptung vertreten, daß verzögerte oder unterbrochene Wachstumsprozesse einer *Nachentwicklung* bedürfen.

Diese Nachentwicklung kann durch ein Zurückgehen (Regredieren) bis zu der Wachstumsstufe ermöglicht werden, auf der der Wachstumsstop eingesetzt hat. Im Rahmen dieser *Regressionsprozesse* zeigen Kinder oder Erwachsene häufig Handlungen, die sich auf einem Kompetenzniveau bewegen, das erfahrungs- und altersmäßig niedriger ist als üblicherweise von ihnen gezeigt wird; es scheint, daß sie Verhaltensschemata aus einer früheren Wachstumsperiode aktivieren, um deren Effizienz zu überprüfen und zu verbessern.

Regressionsprozesse dieser Art sollten vom Therapeuten in der Spiel- und Familientherapie akzeptiert werden, weil sie den Kinder- und Erwachsenenklienten die Möglichkeit zur Nachentwicklung eröffnen. Der Therapeut sollte die Klienten jedoch auch die Nachteile dieser alten Verhaltensschemata erleben lassen, damit sie daraus Hinweise und Motive für deren Veränderung gewinnen können. Man sollte die Klienten also durchaus ermutigen, regressive Handlungsschemata auszuprobieren, damit sie besser erkennen und entscheiden können, wann sie zukünftig ein regressives oder ein progressives Handlungsschema anwenden wollen. Regressionsprozesse dieser Art werden von Balint (1970, S. 161) als „*Regression um der Progression willen*" bezeichnet.

Da es aber auch *Regressionsprozesse um der Regression willen* gibt, die ein wachstumshemmendes Verhalten ausdrücken, ist es wichtig, diese von wachstumsfördernden Regressionen zu unterscheiden. *Wachstumshemmende Regressionen* kann man daran erkennen, daß sie als ein Ausweich- oder Vermeidungsverhalten eingesetzt werden und daß sie nicht dazu dienen, die Effizienz der regressiven Handlungsschemata zu überprüfen und zu erweitern. Vielmehr werden die Aktualisierungsimpulse zur Assimilation und Akkommodation der regressiven Schemata unterdrückt und es findet kein schemaerweiterndes Lernen statt. Häufig handelt es sich bei den wachstumshemmenden Regressionen auch um ein *angstinduziertes Schutzverhalten* des Klienten, dessen hemmende Wirkung dann aufgehoben werden kann, wenn der Therapeut Empathie für den Schutzcharakter des regressiven Verhaltens aufbringen und dem Klienten Mut zu einem weniger schutzsuchenden Verhalten machen kann.

4.2 Störungskonzept

Leider gibt es in der Theorienbildung zur klientenzentrierten Spiel- und Familientherapie *keine elaborierte Lehre psychischer Störungen* (s. Howe 1989; Speierer 1989; Schmidtchen 1989b). Im Gegensatz zur Psychoanalyse oder Verhaltenstherapie hat bisher kein intensives Interesse bestanden, zu klären, wie psychische Störungen entstehen. Dies ist zu bedauern, weil eine therapeutische Tätigkeit ohne ein Störungskonzept nicht möglich ist (s. Speierer 1989, S. 37).

Im folgenden möchte ich versuchen, wenigstens einige Eckwerte einer möglichen klientenzentrierten Störungskonzeption zu entwikkeln. Ich werde mich dabei auf Annahmen von Rogers und auf die skizzierten ökologischen und psychologischen Beeinflussungsmerkmale des Verhaltens beziehen.

4.2.1 Annahmen zum klientenzentrierten Störungskonzept

Psychische Störungen wie Neurosen oder psychische Desorganisationszustände entstehen nach Rogers als Folge von *Inkongruenzen* zwischen Erfahrungen, die durch das Selbstkonzept gefiltert werden und Erfahrungen, die aufgrund der Allgemeinen Aktualisierungstendenz gemacht werden. Rogers (1959, S. 203) beschreibt diesen Prozeß wie folgt:

Ein Zustand der *Spannung* und *inneren Konfusion* entsteht deshalb, „... weil das individuelle Verhalten hinsichtlich einiger Aspekte durch die *Aktualisierungstendenz,* bezüglich anderer Aspekte jedoch durch die *Selbstaktualisierungstendenz* geregelt wird, so daß dadurch ungeordnetes oder unverständliches Verhalten entsteht. Das sogenannte neurotische Verhalten ist hierfür ein

Beispiel (...)." – In der Weiterführung dieser Gedanken ergänzt Rogers (1959, S. 228 f): „Wenn bei einem Individuum ein hohes Ausmaß an *Inkongruenz von Selbst und Erfahrung* vorliegt und wenn eine bestimmte Erfahrung, die diese Inkongruenz beinhaltet, plötzlich oder sehr deutlich in Erscheinung tritt, dann ist der *Abwehrprozeß* des Organismus nicht in der Lage, erfolgreich zu operieren. (...) In der Folge wird *Angst* erlebt und die *Inkongruenz* unterschwellig wahrgenommen. Das Ausmaß der Angst ist abhängig vom Ausmaß der *Bedrohung der Selbststruktur.*"

Aus den Rogerschen Ausführungen wird ersichtlich, daß sich psychische Störungen aus der Art des Zusammenspiels zwischen zwei zentralen Wachstumstendenzen entwickeln: Der *Allgemeinen Aktualisierungstendenz,* als Ausdruck des ungeformten Wachstumsstrebens, und der *Selbst-Aktualisierungstendenz,* als Ausdruck der durch die Selbstkonzeptannahmen geformten Wachstumskräfte. Da die *Allgemeine Aktualisierungstendenz* die ursprünglichere Kraft ist, ist sie letztlich für die Verhaltensaktivierung am wichtigsten. Von ihr wird angenommen, daß sie das primäre Energetisierungs- und Motivationsprinzip darstellt, das durch erzieherische Einflüsse nicht verfälschbar ist. Die *Selbst-Aktualisierungstendenz* hingegen ist durch Erziehung formbar, so daß ihre Beeinflussung zu Diskrepanzen in der Erfahrungsaufnahme und -verarbeitung führen kann und damit zu einem gestörten seelischen Handeln.

Die *Therapie* einer gestörten Selbst-Aktualisierungstendenz sollte darin bestehen, dem Klienten zu helfen, die fälschlich gelernten Annahmen des Selbst-, Welt- und Beziehungskonzeptes zu korrigieren. Dabei sollte er sich an seinen ursprünglichen Prozessen der Allgemeinen Aktualisierungstendenz orientieren; dies sind im wesentlichen Prozesse der Energetisierung und Motivation, die sich auf die Befriedigung von Grundbedürfnissen beziehen und die durch angeborene, emotionsgeleitete Rückmeldungsprozesse gesteuert werden. – Für den Umlernprozeß ist es hilfreich, *die* Handlungen zu erkennen, bei denen der Klient Unstimmigkeiten (Inkongruenzen) zwischen mehreren Handlungsimpulsen spürt, die auf eine unterschiedliche Energetisierung und Zielsetzung der beiden Aktualisierungstendenzen zurückgehen. Häufig empfiehlt es sich, die Inkongruenzen dadurch aufzuarbeiten, indem die Gefühle, die mit den unterschiedlichen Handlungsimpulsen verbunden sind, vom Klient erspürt und genannt werden. Dies sind meist Gefühle des Ärgers (bzw. der Wut), der Trauer, der Enttäuschung, der Angst oder der Verwirrung. Wenn es dem Klienten gelingt, diese unangenehmen Gefühle zuzulassen, dann bekommt er zunehmend mehr gefühlsmäßige Hinweise darüber, welche Handlungsimpulse der wachstumsfördernden Allgemeinen Aktualisierungstendenz entsprechen.

Ganz in diesem Sinne weisen Luthman und Kirschenbaum (1977, S. 134ff) darauf hin, daß neurotische Verhaltensweisen häufig dadurch entstehen, daß Kinder und Erwachsene *seelischen Schmerz nicht ertragen* können. Dieser Schmerz tritt häufig dann auf, wenn Kinder als Ausdruck ihrer Wachstumskräfte ihre Individualität finden und gemäß ihrer Bedürfnisse leben wollen, die Eltern dies aber aus den unterschiedlichsten Gründen unterbinden. Dann entsteht nicht nur ein externer Interessenskonflikt zwischen Eltern und Kind, sondern auch ein interner Konflikt im Kinde, der wachstumshemmend sein kann.

Die Therapie hat dann die Aufgabe, dem Klienten zu helfen, die schmerzlichen Gefühle und Stimmungen auszudrücken und ihn zu lehren, mit ihnen zu leben. Wenn ein Mensch gelernt hat, diesen Schmerz zu durchstehen, „... dann weiß er auf einer tiefen Bewußtseinsebene, daß er gefühlsmäßig allein überleben kann, daß es in ihm nichts mehr gibt, was er fürchten muß. An diesem Punkt hängt sein Überleben nicht mehr von äußeren Stützen ab und davon, daß er sich gegen seinen Schmerz verteidigt, sondern davon, daß er sich selbst seinem eigenen Wachstum anvertraut und der Entwicklung seiner Einzigartigkeit und Kreativität" (s. Luthman und Kirschenbaum 1977, S. 142).

Psychische Störungen und deren verschiedene Manifestationsformen als Psychosen, Neurosen, psychosomatische Erkrankungen, akute Belastungs- und Anpassungsreaktionen oder spezifische Störungen (s. die entsprechenden Klassen des Multiaxialen Klassifikationsschemas bei Remschmidt und Schmidt 1977), werden in der klientenzentrierten Theorienbildung vorrangig als der *Ausdruck eines gestörten seelisch-geistigen Wachstumsverhaltens* gesehen. Da bei der Störungsentstehung die sozialökologischen Bedingungen der Familie mitbeteiligt sind, ist die Störung auch immer das Ergebnis einer unangemessenen Wachstumsförderung durch die Familie.

Eine Therapie der seelischen Störungen erfordert also eine heilsame Beeinflussung der sozialökologischen Familienbedingungen (und anderer notwendiger ökologischer Bedingungen) sowie eine heilsame Beeinflussung der gestörten Prozesse der internen Handlungsorganisation jedes Familienmitgliedes, das am gestörten Verhalten beteiligt ist.

4.2.2 Praktische Konsequenzen des Störungskonzeptes

Aus dem Störungskonzept ergeben sich im wesentlichen zwei globale Strategien für das therapeutische Handeln, die zu den bereits entwickelten anderen Strategien (s. Kap. 4.1.2) zu ergänzen sind. Sie leiten sich aus dem seelisch-geistigen Wachstumskonzept und dem Wechselwirkungskonzept ökologischer und psychologischer Verursachungseinflüsse ab.

Aus dem Wachstumskonzept als Ursache psychischer Störungen ergibt sich, daß das therapeutische Handeln primär auf die *Unterstützung von wachstumsfördernden Energetisierungs- und Zielsetzungsprozessen der Allgemeinen Aktualisierungstendenz* ausgerichtet sein sollte und aus dem Wechselwirkungskonzept ökologischer und psychologischer Störungsbedingungen ergibt sich, daß die Therapie ökologische und psychologische Gesichtspunkte berücksichtigen muß.

Im folgenden sollen aus beiden Gesichtspunkten Konsequenzen für das therapeutische Handeln abgeleitet werden. Beginnen möchte ich mit der Ableitung von Handlungsstrategien, die sich auf die Unterstützung von wachstumsfördernden Zielsetzungsprozessen beziehen.

4.2.2.1 *Unterstützung von wachstumsfördernden Zielsetzungsprozessen*

Da sich Wachstumsstörungen im wesentlichen in Inkongruenzen (bzw. Konflikten) zwischen wachstumsfördernden und -hindernden Strebungen kundtun, ist es wichtig, diese *Inkongruenzen* als zentrale Orientierungspunkte des therapeutischen Handelns anzusehen. Sie sollten deshalb aufgespürt und dem Klienten verbal und nichtverbal rückgemeldet werden. Durch die Rückmeldung bekommt der Klient Hinweise über *Widersprüche in seinem Zielsetzungs- und Energetisierungsverhalten*. Diese Widersprüche sollte der Klient sorgfältig klären, so daß er sich eindeutig für ein bestimmtes Zielverhalten entscheiden kann. Langfristig ist zu hoffen, daß er bei diesen Entscheidungskonflikten lernt, *die* Handlungsziele zu erkennen, die für seine seelisch-geistige Gesundheit am wichtigsten sind.

Inkongruenzen sind nach Rogers (1959) darauf zurückzuführen, daß die Energetisierungen und Zielsetzungen des Selbstkonzeptes nicht mit den Energetisierungen und Zielsetzungen der Allgemeinen Wachstumstendenz übereinstimmen. Sie sind letztlich also immer Ausdruck von – im Sinne der Allgemeinen Aktualisierungstendenz – unangemessenen Einflüssen des Selbst-, Welt- oder Beziehungskonzeptes. Dies können z. B. Einflüsse sein, die auf Konflikte zwischen realistischen und idealistischen (bzw. phantasierten) Anteilen des Selbstkonzeptes zurückgehen oder auf nicht hilfreiche erzieherische Selbstkonzept-Implantate durch die Eltern. Rogers (1959) nennt diese Implantate *Bewertungsbedingungen*; es handelt sich um Werthaltungen, die vorwiegend die Interessen der Eltern widerspiegeln und nicht diejenigen des Kindes. Diese Implantate sind deshalb für die eigenständigen Energetisierungs- und Zielsetzungsprozesse des Kindes belastend.

Die Schwierigkeit bei der *Korrektur von Inkongruenzen* besteht für den Klienten und Therapeuten darin, daß keiner von beiden in der

jeweiligen Situation genau weiß, welche der miteinander konkurrierenden Zielsetzungen Ausdruck der Allgemeinen Wachstumstendenz
und welche Ausdruck von wachstumshindernden Strebungen ist. Die
Lösung dieser Frage ist eine der zentralen Aufgaben der klientenzentrierten Therapie. Gelingt es dem Klienten, diese Frage zu beantwor-
ten und kann er sich immer mehr an den wachstumsfördernden
Strebungen orientieren, dann verläuft die Therapie erfolgreich. Insofern ist es ein vorrangiges *Interventionsziel* des Therapeuten, dem
Klienten zu helfen, Inkongruenzsituationen so zu bewältigen, daß er
langfristig sein Handeln immer sicherer an Zielsetzungen und Energetisierungen der Allgemeinen Aktualisierungstendenz orientieren
kann.

Die *therapeutische Hilfe* zur Erreichung dieses Zieles soll *schrittweise*
gegeben werden und immer auf die jeweiligen Erfahrungen und Handlungsschritte des Klienten ausgerichtet sein. Es ist eine primär indirekte
Hilfe, die idealtypisch in folgender Abfolge stattfinden sollte:

In einem *ersten Schritt* soll der Klient lernen, die Inkongruenzen
zwischen den verschiedenen Zielsetzungstendenzen zu spüren, d. h.
sie sensorisch bewußt wahrzunehmen. In einem *zweiten Schritt* soll
er dann prüfen, welche äußeren und inneren Bedingungen für die
Entstehung der widersprüchlichen Zielsetzungen verantwortlich zu
machen sind. In einem *dritten Schritt* sollen dann die störenden Bedingungen abgebaut oder vermieden werden, und in einem *vierten
Schritt* soll allein das wachstumsfördernde Ziel- und Energetisierungsverhalten der Allgemeinen Aktualisierungstendenz ausgeführt
werden.

Die einzelnen Handlungsschritte sollen vom Klienten möglichst
selbst gefunden werden, damit er ihre Sinnhaftigkeit und Brauchbarkeit spürt. Der Therapeut sollte bei den Lernaufgaben unterstützende
Hilfe, jedoch *keine Anweisungen* geben. Die Hilfe kann aus Empfehlungen, verbalen Markierungen, Reflexionen, Informationen etc. (s.
Kap. 6.1.2) bestehen.

Eine wichtige Strategie besteht darin, dem Klienten zu empfehlen,
die miteinander konkurrierenden Handlungsimpulse in einer *Quasi-
Realitätssituation* (also im Spiel, in der Phantasie, im Traum oder Gespräch etc.) handlungsmäßig auszuprobieren; d. h. jeden Impuls, auch
den belastenden, in Handlungen umzusetzen. Dann kann der Klient
selbst erkennen, welche Zielsetzungen zu welchen Ergebnissen führen
und *selbst entscheiden,* welchem Handlungsimpuls er in der Realitätssituation folgen will.

Diese therapeutische Strategie ermutigt also den Klienten zum *probemäßi-
gen Ausprobieren von Handlungsalternativen* in Quasi-Realitätssituationen und

lehrt ihm damit eine bestimmte Form des Problemlösungsverhaltens, die nicht nur bei der Lösung von Zielkonflikten, sondern auch bei anderen Problemen möglich ist.

Bei diesem Vorgehen der Konfliktlösung zwischen verschiedenen Handlungsimpulsen entsteht für den Klienten zuweilen das Problem, nicht zu wissen, *an welchen Kriterien er seine Entscheidung orientieren soll.* Soll er z. B. *die* Handlungsfolge wählen, die zur höchsten Anerkennung bei Eltern und anderen Personen der Umwelt führt und für die er am stärksten belohnt wird, oder soll er dem Impuls folgen, der seinen ureigenen Interessen entspricht und der zu Gefühlen des persönlichen Befriedigtseins führt? In dieser Konfliktsituation sollte der klientenzentrierte Therapeut die Empfehlung geben, sich im Zweifelsfall an den persönlichen Interessen und *den* Impulsen zu orientieren, die zu einer Stärkung des persönlichen Wohlbefindens führen. Dies sind meistens Handlungen, die das *Selbstwertgefühl* steigern (s. Satir 1975) und die in einer Befriedigung von Grundbedürfnissen bestehen.

Wegen der Betonung der persönlichen Interessen und selbstwertzentrierten Handlungen wird die klientenzentrierte Therapie auch als *personenzentriert* bezeichnet. Diese Etikettierung soll ausdrücken, daß das therapeutische Handeln auf das *Anstreben von personennahen Zielen* ausgerichtet ist.

Eine weitere wichtige therapeutische Strategie besteht darin, dem Klienten den *Unterschied* zwischen *egozentrischen* und *wachstumszentrierten Handlungen* deutlich zu machen. Die Kenntnis dieses Unterschiedes ist wichtig, weil heilsame Veränderungen psychischer Störungen letztlich nur durch wachstumszentrierte Handlungen möglich sind.

Wachstumszentrierte Handlungen sind dadurch gekennzeichnet, daß sie bezüglich wichtiger existentieller Interessen zu einer Erweiterung der Handlungskompetenz führen. Diese Erweiterung muß sich vorrangig auf der geistigen Ebene kundtun und setzt immer eine Veränderung der geistigen Entscheidungsbildung in Richtung auf eine Bevorzugung existentiell sinnvoller Ziele der Lebensgestaltung voraus.

Aber auch eine *egozentrische* Erweiterung der Handlungskompetenz des Klienten kann positive Effekte für sein Wohlbefinden haben, indem es seine Stimmung hebt, zur erfolgreichen Bewältigung von Aufgaben führt oder den Klienten sportlich oder geistig ertüchtigt. Man muß sich vergegenwärtigen, daß viele unserer täglichen Handlungen egozentrisch sind und nicht zu einer Förderung unseres seelisch-geistigen Wachstums führen. Dies ist ein Faktum, das auch in der Therapie zu berücksichtigen ist. Aus diesem Grunde ist auch selten die gesamte Therapiezeit des Klienten mit Lerntätigkeiten im Sinne der seelisch-geistigen Wachstumsförderung ausgefüllt.

Zum Abschluß dieses Teilkapitels möchte ich noch auf ein Phänomen hinweisen, das Piaget (1969) beschrieben hat und das er *Äquilibrationsprinzip* nennt. Dieses Prinzip erleichtert das Verständnis der Gesetzmäßigkeit von eigenständigen Prozessen zur Wachstumsförderung, also von Handlungen, die ein Mensch von sich aus unternimmt, um Inkongruenzen abzubauen und seine internen Handlungsschemata zur Erweiterung der Selbstkompetenz auszubauen.

Das Äquilibrationsprinzip besagt, daß Individuen das Bestreben haben, im Rahmen ihrer geistigen Fähigkeiten Gleichgewichtszustände anzustreben, dieses aber dann aufgeben, wenn der angestrebte Zustand erreicht worden ist. Dann versucht das Individuum, durch Variationen im Verhalten, *Ungleichgewichtszustände* herzustellen, um aus ihnen neue Energien und Zielsetzungen zu gewinnen. Wir pendeln also mit unserer geistigen Tätigkeit zwischen Ungleichgewichts- und Gleichgewichtszuständen hin und her und aktivieren so unser Verhalten. Die Übertragung dieses Konzeptes auf die geistige Tätigkeit des Klienten in der Therapie geht davon aus, daß Inkongruenzprozesse mit den Piagetschen Ungleichgewichtszuständen zu vergleichen sind, so daß für sie *die* dynamischen Gesetzmäßigkeiten gelten, die Piaget (1969) bei der Beobachtung der geistigen Tätigkeit von Kindern gemacht hat; daß nämlich Ungleichgewichtszustände dadurch aufgelöst werden, daß die Kinder von sich aus Handlungen (z. B. im Spiel oder in der Realität) ausführen, die zu einer Neuorganisation der alten Handlungsschemata führen, um dadurch einen neuen Gleichgewichtszustand herzustellen.

Dieses Pendeln zwischen verschiedenen geistigen Energetisierungszuständen läßt sich gut in der Dynamik des Spielverhaltens beobachten. Kinder sind im Spiel häufig daran interessiert, neue Erfahrungen aus der Realwelt in ihre alten Handlungsschemata zu integrieren. Sie tun dies, weil die neuen Erfahrungen zu Inkongruenzen (bzw. Ungleichgewichtszuständen) mit den alten Schemata geführt haben und weil sich hieraus ein Streben nach neuen Gleichgewichtszuständen ergibt. Diese neuen Gleichgewichtszustände können im allgemeinen dadurch erreicht werden, daß die alten Handlungsschemata durch Assimilations- oder Akkommodationsprozesse verändert werden.

Auch Heckhausen (1964) hat diesen Pendelprozeß in der geistigen Energetisierung von Spieltätigkeiten beobachtet und dafür das Konzept des *Aktivierungszirkels* entwickelt. Es besagt, daß die Dynamik der Spieltätigkeit zwischen den Polen einer hohen und niedrigen Aktivität hin und her kreist. Ich meine, daß dieses Phänomen durch das Äquilibrationskonzept von Piaget zu erklären ist.

4.2.2.2 Konsequenzen für die Therapieplanung

Aus dem Wechselwirkungskonzept ökologischer und individueller Verursachungseinflüsse für ein gestörtes Verhalten ergibt sich, daß im Rahmen der *Therapieplanung* zu klären ist, welche Personen oder Subsysteme der Familien den stärksten *Anteil an der Produktion des gestörten Kindverhaltens* haben und welche Personen und Subsysteme am ehesten bereit und in der Lage sind, Störungsersatzverhalten zu produzieren. Dabei besteht die Möglichkeit, daß das gestörte Kindverhalten *primär* auf einen Elternteil, auf beide Elternteile als Paarsystem, auf Geschwister, auf die Großeltern, auf ungünstige nichtfamiliäre Umweltbedingungen (z. B. in der Schule oder Wohngegend) oder auf den Kinderklienten selbst zurückzuführen ist. Wegen der Bedeutsamkeit des Wechselwirkungsaspektes sind auch alle möglichen *Verursachungskombinationen* zwischen den Einflußbedingungen zu untersuchen.

Des weiteren ist für die Therapieplanung zu klären, welche der genannten Personen am ehesten bereit und in der Lage sind, ein gesundes Verhalten zu produzieren und welche der gestörten ökologischen und psychologischen Bedingungen am ehesten durch gesunde ersetzt werden können.

Aus der globalen Analyse dieser Gesichtspunkte ergeben sich einige unterschiedliche Indikationsempfehlungen von psychotherapeutischen Behandlungsarten, die die Berücksichtigung folgender Maßnahmen betreffen (s. Schmidtchen 1989 a):

– *Einzeltherapie* des Mannes oder der Frau;
– *Paartherapie* der Eltern;
– *Veränderung der störenden Umweltbedingungen*
  (z. B. in der Schule);
– *Therapie der Großeltern* oder des *Großeltern-*
  und Elternsystemes;
– *Therapie der Geschwister*;
– *alleinige Therapie des Kindes*
  (als ambulante oder stationäre Therapie);
– *alleinige Therapie der Familie* oder
– Kombination einer *Kinder- und Familientherapie*.

Eine *kombinierte Kinder- und Familientherapie* sollte dann empfohlen werden, wenn die Störungen des Kindes sowohl auf gestörte Wachstumsprozesse und/oder gestörte Problembewältigungsprozesse des Kindes zurückgehen, wie auch auf gestörte Interaktionsprozesse im Familiensystem. Weiter ist für die Empfehlung dieser Kombinationsmöglichkeit wichtig, daß Eltern und Kind therapiebereit sind.

Üblicherweise wird als Kindertherapiemethode die *Spieltherapie* (auf der Basis einer klientenzentrierten, psychoanalytischen, gestalttherapeutischen oder anderswie gearteten Therapiekonzeption) mit einer Familientherapie kombiniert. Es gibt aber auch noch andere Kombinationsmöglichkeiten, z. B. die Kombination einer familientherapeutischen Arbeit mit einer Verhaltenstherapie, Körpertherapie, Hypnosetherapie etc. für Kinder. Für diese Therapieformen gelten ähnliche strategische Vorgehensweisen wie für die Kombination einer Spieltherapie mit einer Familientherapie.

Unterschiede bestehen jedoch in bestimmten Annahmen zur Störungsentstehung und in der Bevorzugung bestimmter Kommunikationsmedien: So wird das Schwergewicht in der Spieltherapie auf eine spielzentrierte Kommunikation gelegt; in der Verhaltenstherapie auf Verhaltensübungen und das Wort; in der Körpertherapie auf körperliche Bewegungen und in der Hypnosetherapie auf das Wort, kombiniert mit vorgestellten Spielszenen.

Andere Therapiemethoden, z. B. eine alleinige *Familientherapie, Paartherapie* oder *Elternteiltherapie*, sind dann zu wählen, wenn die kindlichen Prozesse der Handlungsorganisation relativ ungestört sind und die Störungsursachen primär bei den Eltern liegen.

Sind die Eltern nicht zur Therapie bereit oder sind sie aus vielen möglichen Gründen momentan oder längerfristig zu therapeutischen Veränderungen unfähig (z. B. durch eine geistige Behinderung, Psychose, Drogensucht oder Alkoholerkrankung), dann ist u. U. eine stationäre Therapie des Kindes, z. B. in einer Klinik oder einem Heim, durchzuführen. Eine therapeutische Beeinflussung störender Schul- oder Kindergartenbedingungen sollte dann stattfinden, wenn primär diese sozialökologischen Einflüsse für das gestörte Kindverhalten verantwortlich sind.

5. Therapiediagnostik und Effektivitätskontrolle

Eine angemessen durchgeführte Spiel- und Familientherapie ist ohne eine Therapiediagnostik und Effektivitätskontrolle nicht möglich. Dies gilt auch für eine klientenzentrierte Therapie, auch wenn diese sich aufgrund ihres starken Bemühens um ein personengerechtes, empathisches Verstehen der gestörten Verhaltensweisen mit Recht *gegen eine normative Diagnostik* sträubt, in der der Mensch mit seinen gestörten Empfindungen, Denkweisen und belasteten Umwelten in verallgemeinernde Diagnoseklassen gesteckt wird und seinen individuellen menschlichen Wert verliert. Diese Form der Diagnostik ist abzulehnen; es ist in der klientenzentrierten Therapiediagnostik immer darauf zu achten, daß die *Besonderheiten des einzelnen Menschen* erfaßt werden, und daß sein gestörtes und gesundes Verhalten im Kontext des individuellen Erlebens seines Selbst-, Welt- und Beziehungskonzeptes gesehen wird.

Die Einordnung von gestörten Verhaltensweisen und Umweltbedingungen in allgemeine Diagnoseklassen, z.B. des Multiaxialen Klassifikationsschemas oder des DSM-III-R Manuals (American Psychiatric Association 1984), darf nur einen kommunikativen und forschungspraktischen Wert haben, aber keinen behandlungspraktischen. Das konkrete therapeutische Tun muß sich immer an den individuellen Besonderheiten des jeweiligen Klienten und seiner Umwelt orientieren und nicht an Diagnoseklassen (vgl. a. Schulte und Wittchen 1988; Wittchen und Schulte 1988).

Diagnoseklassen sollten primär dazu dienen, sprachliche Zusammenfassungen in Form standardisierter Benennungen für häufig auftretende Störungsweisen zu liefern, so daß mit ihrer Hilfe eine eindeutigere kollegiale oder wissenschaftliche Kommunikation möglich ist. Sie haben einen gewissen Wert, Forschungsbefunde z.B. zur Behandlung von Klienten, die unter Enuresis, Angst, Magersucht etc. leiden zu sortieren oder um einen schnelleren Überblick über die Anwendungsmöglichkeiten bestimmter Therapiemethoden und -strategien bei bestimmten Störungsweisen zu geben; sie ermöglichen auch einen wissenschaftlichen Effektivitätsvergleich verschiedener Behandlungsmethoden bei bestimmten Gruppen von Klienten mit bestimmten Störungen. Sie haben aber nur einen sehr begrenzten Wert beim konkreten zwischenmenschlichen therapeutischen Handeln.

Die zentralen Aufgaben der klientenzentrierten Spiel- und Familientherapie-Diagnostik beziehen sich auf die *Erfassung und exakte Beschreibung* der jeweiligen gestörten Verhaltensabläufe und Umweltsituationen des Problemverhaltens, sowie auf die *Analyse der intrapsychischen und ökologischen Störungs- und Heilungsbedingungen* des Problemverhaltens.

Die Diagnostik betrifft das Kind als den identifizierten Klienten, die Familienmitglieder (insbesondere die Eltern) und die Personen und Bedingungen in den außerfamiliären Umwelten, in denen das gestörte Verhalten auftritt (z. B. im Kindergarten oder in der Schule).

Die Diagnostiksitzungen finden in einem großen Diagnostikzimmer statt, in dem alle Familienmitglieder Platz haben und in dem das Kind in einer kleinen Spielecke spielen kann. Des weiteren werden zuweilen auch in *den* Umgebungen Beobachtungen gemacht, in denen das gestörte Verhalten auftritt.

Die Methoden der Diagnostik sind die *Verhaltensbefragung, die Verhaltensbeobachtung* und die *Verhaltenstestung* (s. Schmidtchen 1989 a, S. 94 ff.). Die Diagnostik findet zu drei Zeitpunkten statt: Zu Beginn der Therapie, als Therapieeingangs-Diagnostik; im Verlauf der Therapie, als Therapieverlaufs-Diagnostik und am Ende der Therapie, als Therapieabschluß-Diagnostik.

In der *Therapieeingangs-Diagnostik* sind folgende Teilaufgaben zu lösen: 1. Kennzeichnung, Beschreibung und quantitative Beurteilung des gestörten Verhaltens; 2. Angabe der Therapieziele und Suche möglicher Heilungskompetenzen; 3. Analyse der Störungsbedingungen; 4. Indikationsplanung und Therapieabsprache.

In der *Therapieverlaufs-Diagnostik* sind in Abhängigkeit von den Therapiezielen, Störungsbedingungen und Heilungskompetenzen die Zielerreichungsbemühungen von Eltern und Kind innerhalb und außerhalb der Spiel- und Familientherapie zu dokumentieren und zu evaluieren; wobei die Evaluation zu einer Effektivitätskontrolle des Therapieverlaufsgeschehens dient.

In der *Therapieabschluß-Diagnostik* wird in bezug auf die eingangs gekennzeichneten Störungen eine Abschlußbeurteilung vorgenommen, um die Wirksamkeit der therapeutischen Maßnahmen über den gesamten Therapiezeitraum abzuschätzen. Diese Diagnostik kann (sollte) ein halbes Jahr nach Therapieende wiederholt werden.

Im folgenden sollen die einzelnen Aufgaben und Vorgehensweisen der klientenzentrierten Spiel- und Familientherapie-Diagnostik ausführlicher beschrieben werden. Dies soll für jeden der genannten Diagnostikabschnitte einzeln geschehen.

5.1 Therapieeingangs-Diagnostik

5.1.1 Kennzeichnung des gestörten Verhaltens

In der Therapieeingangs-Diagnostik ist als erste Aufgabe im Beisein der gesamten Familie eine *Kennzeichnung, Beschreibung* und *quantitative Beurteilung* des gestörten Verhaltens nebst Angabe der Umweltsituationen in denen das Verhalten auftritt, vorzunehmen (s. Schmidtchen 1989a, S. 83ff.). Dies kann mit Hilfe der *Individuellen Problem-Liste (IPL)* geschehen (s. Anhang).

In der *Individuellen-Problem-Liste (IPL)* sollen alle problematischen Verhaltensabläufe des Kindes unter Angabe der Umweltsituationen, in denen sie auftreten, erfaßt werden. Die Probleme sollen aufgrund der Beobachtungen der Eltern, Erzieher oder Lehrer beschrieben und nach dem Grad ihrer Schwere in Form eines Umwelt- und Individuums-Belastungsgrades auf einer 5-Punkte-Skala (von 1 = „keine oder sehr geringe" bis 5 = „sehr starke Belastung") quantifiziert werden. Der *Umwelt-Belastungsgrad* soll angeben, wie stark die soziale Umgebung des Kindes durch das Verhalten belastet wird und der *Individuums-Belastungsgrad* soll angeben, wie stark das Kind jetzt oder zukünftig (hier muß eine Vorhersage vorgenommen werden) unter der Störung leidet bzw. leiden wird. Der Zukunftsaspekt soll insbesondere die Beeinträchtigung einer glücklichen und erfolgreichen Entwicklung des Kindes berücksichtigen, die z. B. durch bestimmte Problemverhaltensweisen wie motorische Unruhe, aggressives Verhalten, delinquentes Verhalten, Schuleschwänzen etc. stark eingeschränkt sein kann, auch wenn der Klient unter diesen Verhaltensweisen nicht unbedingt leidet.

Die Erstellung der Liste sollte in mindestens zwei Durchgängen geschehen, so daß eine möglichst exakte Verhaltensbeschreibung und Störungsquantifizierung vorgenommen wird. Dies ist nötig, weil sich an der Liste das ganze weitere Diagnostik- und Therapiegeschehen und die Effektivitätskontrolle orientiert. Aus diesen Gründen kann die Liste noch bis zur Indikationsplanungsphase (s. Kap. 5.1.4) korrigiert werden.

Eine Hilfe bei der Erstellung der Diagnoseliste kann die Verwendung eines Elternfragebogens sein, der von Ehlers u. a. (1978) entwickelt worden ist. Es handelt sich um die *Marburger Verhaltensliste* (MVL), in der anhand von 80 Items fünf Dimensionen des Kindverhaltens erfaßt werden:
1. Emotionale Labilität;
2. Kontaktangst;
3. Unrealistisches Sozialverhalten;
4. Unangepaßtes Sozialverhalten und
5. Instabiles Leistungsverhalten.

Im gesamten Verlauf der Diagnosesitzungen sollten neben der Störungsbeschreibung und -quantifizierung sowie der Formulierung der Therapieziele auch *anamnestische Informationen* über die Lebensgeschichte des Kindes, die Störungsgeschichte und die Lebensgeschichte des Elternpaares eingeholt werden. Diese Informationen sollen den biographischen Rahmen kennzeichnen, in dem die Familie lebt; des weiteren sollen Hinweise über die *Lerngeschichte wichtiger Verhaltensprogramme* von Eltern und Kind erhoben werden. Da alle Verhaltensprogramme bzw. -schemata auf die ersten zentralen Lernerfahrungen mit den Eltern und deren Ursprungsfamilien zurückgehen, sind diesbezügliche Informationen für das Verständnis der gestörten und heilungsfördernden Verhaltensprogramme sehr wichtig. Von Interesse ist insbesondere die Lerngeschichte *der* Handlungsweisen, die im Katalog ökologischer und psychologischer Einflüsse angesprochen werden (s. S. 37). Im übrigen sind z. T. die einschlägigen anamnestischen Fragenkataloge zu verwenden (s. Schmidt und Keßler 1976; Jäger 1988).

5.1.2 Angabe der Therapieziele und Suche möglicher Heilungskompetenzen

Die Therapieziele ergeben sich aus den aufgelisteten Störungen; sie bestehen in einem gänzlichen oder teilweisen Abbau der Störungen, also in dem Erreichen eines Störungsgrades zwischen 1 = „keine oder sehr geringe Belastung" bis 2 = „geringe Belastung". Man sollte das gewünschte Zielverhalten jedoch auch explizit definieren lassen und die Ziele *schriftlich fixieren,* so daß Eltern und Kind einen deutlichen Eindruck von den zu erreichenden Therapiezielen haben.

Dabei empfiehlt es sich, Formulierungen für das Zielverhalten zu finden, in denen genau beschrieben wird, wie das neue Verhalten aussehen sollte; statt also zu schreiben: Abbau des nächtlichen Einnässens, könnte stehen: Das Kind soll nachts merken, wenn es auf die Toilette muß und dann die Toilette aufsuchen, ohne vorher das Bett eingenäßt zu haben.

Neben den Therapiezielen sollten auch *heilungsfördernde Fertigkeiten* genannt werden, die der Klient und seine Familie möglicherweise zur Überwindung der Störungen und zum Erreichen des Zielverhaltens einsetzen können. Die Sammlung dieser heilungsfördernden Kompetenzen ist wichtig, um allen Beteiligten zu signalisieren, daß sie selbst ihre Probleme lösen müssen und um das Positivverhalten in den Blickpunkt zu rücken.

Von besonderem Interesse sind dabei die *Fertigkeiten zum Problemlösungsverhalten* wie z. B. die Bereitschaft, Probleme realitätsgerecht zu identifizieren; engagiert und geduldig Lösungswege zu suchen; verschiedene Lösungswege auszuprobieren und Rückmeldungen darüber einzuholen, welche Lösung die beste ist (s. a. S. 45). Notwendig ist auch die Bereitschaft, sich gefühlsmäßig und energetisch für das Erreichen der Therapieziele zu engagieren und konstruktive Beiträge zum individuellen und gemeinsamen familiären Wachstum zu liefern. Auch die Bereitschaft und Fähigkeit, unangenehme Gefühle zu ertragen, die bei der Umstrukturierung von Verhaltensprogrammen entstehen, ist heilungsfördernd. Des weiteren ist wichtig, daß man den Mut hat, an therapeutischen Sitzungen teilzunehmen. Dies gilt für alle Familienmitglieder.

5.1.3 Analyse der Störungsbedingungen

Nach der Erstellung der Störungsliste und der Angabe der Therapieziele und Heilungskompetenzen ist in einem nächsten Diagnoseschritt zu klären, welche Umwelt- und Individuumsbedingungen möglicherweise für das *Problemverhalten* verantwortlich sind. Dabei sollten als erstes die Störungsbedingungen für die am stärksten belasteten kindlichen Verhaltensabläufe analysiert werden, also für *die* Abläufe, die mindestens eine Störungsbewertung von 5 = „sehr stark gestört" oder 4 = „stark gestört" erhalten haben. In der Folge sollen dann die Störungseinflüsse der geringer belasteten Verhaltensabläufe untersucht werden.

Die Kriterien für die *ökologischen Störungseinflüsse* sind im Kapitel 4.1.1.1 ausführlich beschrieben worden. Sie beziehen sich auf folgende Bedingungen (s. S. 37 ff.):

a) Art des Kommunikationsstils;
b) Enge der gefühlsmäßigen Bindung und Art des Abgrenzungsverhaltens;
c) Art und Ausmaß der gegenseitigen Bedürfnisbefriedigung;
d) Art und Ausmaß der gegenseitigen Hilfe bei der Problemlösung;
e) Art und Häufigkeit der Nutzung verwandtschaftlicher Unterstützung und
f) Art der materiellen, beruflichen, gesundheitlichen, staatlichen und wohnungsbezogenen Einflüsse.

Die Kriterien für die *psychologischen Störungseinflüsse* sind im Kapitel 4.1.1.2 angegeben worden und beziehen sich auf folgende Bedingungen (s. S. 48 ff.):

a) Motivations- und Energetisierungsprozesse;
b) Wahrnehmungsprozesse;
c) emotionale und kognitive Bewertungsprozesse;
d) Symbolisierungsprozesse;
e) Planungs- und Zielgebungsprozesse;
f) Rückmeldungsprozesse und
g) motorisches und emotionales Ausführungsverhalten.

Dieser Teil der Störungsanalyse wird auch als *Komponenten-Analyse* bezeichnet. In ihrem Rahmen wird eine exakte Analyse der gestörten und gesunden psychischen Prozesse des internen Handlungsablaufes durchgeführt.

Die einzelnen psychologischen und ökologischen *Verursachungsbedingungen für das Problemverhalten* sind durch Verhaltensbefragungen, Verhaltensbeobachtungen und Tests (im Fall von Intelligenz- und Leistungsstörungen) zu erfassen. Ein großes Gewicht sollten *Verhaltensbeobachtungen* haben, die von den Familienmitgliedern im familiären Milieu und – gemeinsam mit dem Therapeuten – im therapeutischen Setting durchzuführen sind. Im therapeutischen Setting kann sich der Therapeut auch ein eigenständiges Urteil bilden. Wegen der Komplexität und Schnelligkeit der interaktiven familiären Abläufe und der Vielzahl der zu berücksichtigenden Störungsbedingungen sollten die Diagnostikkontakte auf Videofilm aufgezeichnet werden. Des weiteren sollten bei der Analyse familiärer Interaktionen möglichst zwei *Therapiediagnostiker* anwesend sein (s. a. S. 128).

Um die Analyse der möglichen Störungsursachen zu erleichtern, sollte die Familie gebeten werden, bestimmte familiäre Situationen, in denen das Problemverhalten auftritt, im *Rollenspiel* zu simulieren; dazu können freie oder standardisierte Rollenspiele, z. B. die Familienskulptur-Methode, verwendet werden (vgl. Schweitzer und Weber 1982). Des weiteren kann ein *Familienspiel* (z. B. ein Urlaubs-Planungsspiel) oder der *Sceno-Spieltest* von Staabs (1964) – jedoch in freier Auswertung – durchgeführt werden. Auch eignet sich ein einfacher *Maltest* mit dem Thema, die Familie als Tiere darzustellen (s. Brem-Gräser 1986), als gute Möglichkeit, die erlebnismäßige Sichtweise über jedes Familienmitglied zu erfassen.

Zum Abschluß der Störungsanalyse sollten die *Kompetenzen zur Förderung des Selbstheilungsverhaltens* näher untersucht werden, um mindestens genauso viel Augenmerk auf die heilungsfördernden Verhaltensweisen zu legen wie auf die heilungshindernden. Generell sollte für die Störungsanalyse und die Analyse der Selbstheilungskompetenzen gelten, daß die Analysen in dieser Diagnostikphase nicht abschließend durchgeführt werden können, sondern daß sie während des ganzen Therapiegeschehens weitergeführt werden sollten. Sowohl innerhalb als auch außerhalb der Spiel- und Familientherapie ist immer wieder zu klären, welche Störungseinflüsse die Freisetzung von heilungsförderndem Zielverhalten verhindern und welche Heilungskompetenzen beim Kind und bei der Familie aktiviert werden können.

5.1.4 Indikationsplanung und Therapieabsprache

Die besprochenen Diagnostikschritte werden vorwiegend mit dem Ziel unternommen, eine *Indikationsempfehlung* zu geben. Dabei sollte man bei jedem Therapiefall davon ausgehen, daß nicht immer nur die Kombination einer Spiel- und Familientherapie indiziert sein dürfte, sondern auch andere Therapiemöglichkeiten. So könnte z. B. eine alleinige Familientherapie (ohne Spieltherapie) angezeigt sein; eine Paartherapie; eine Einzeltherapie von Mann oder Frau; eine stationäre oder ambulante Therapie des Kindes; eine Therapie des sozialen Umfeldes (z. B. des Kindergartens oder der Schule) oder eine Kombination der genannten Möglichkeiten mit einer Familientherapie (s. a. Schmidtchen 1989 a).

Die Therapieplanung sollte sich an den Therapiezielen des Kindes und seiner Eltern orientieren und nicht primär an den Ausbildungserfahrungen des Therapeuten. Kann der Therapeut aufgrund eines eingeschränkten Ausbildungsstandes nur eine bestimmte Therapiemethode ausüben, dann sollte er dies dem Auftraggeber sagen und ihm u. U. andere Therapeuten empfehlen.

Da psychotherapeutische Dienstleistungen viel Geld für die Klienten kosten, sollte auch vorab der *Kosten-Nutzen-Aspekt* geklärt werden. Dabei sollte der Therapeut bestrebt sein, mit möglichst wenig Kosten den höchstmöglichen Heilungsnutzen für den Klienten zu erreichen. Aus diesen Gründen ist auch die Durchführung der hier vorgeschlagenen Therapiediagnostik und Effektivitätskontrolle erforderlich, da sie eine optimale Therapiezuweisung ermöglicht und gewährleistet, daß die Wirksamkeit der gewählten Therapiemethode überprüft wird.

Als Indikationsregel gilt, daß eine *Spiel- und Familientherapie* dann gewählt werden sollte, wenn die Störungen des Kindes primär auf eine Mangelbefriedigung von Grundbedürfnissen, d. h. auf eine Hemmung von Wachstumsimpulsen, zurückgehen. Symptomatisch kann sich dies in *Retardierungen aller Art* ausdrücken. Liegen keine Wachstumsverzögerungen vor, dann genügt u. U. die Durchführung einer alleinigen Familientherapie; ist primär ein gestörtes Interaktionsverhalten des Elternpaares oder eines Elternteiles für das gestörte Kindverhalten verantwortlich, dann sollte die Familientherapie mit einer Paar- oder Einzeltherapie des Mannes oder der Frau kombiniert werden (s. a. S. 69 f).

Bei meinen weiteren Ausführungen zur Diagnostik und Therapie gehe ich davon aus, daß die *Indikationsbedingungen für eine kombinierte Spiel- und Familientherapie* vorliegen. Für diese Verfahrenskombination schlage ich vor, daß die ersten 3–5 Therapiekontakte der

Spiel- und der Familientherapie als eine *Probetherapie* deklariert werden sollten, damit Eltern, Kind und Therapeuten die Möglichkeit haben, während der Probezeit noch einmal über die Brauchbarkeit der Therapie nachzudenken. Mit diesem Vorgehen sollen spätere Therapieabbrüche vermieden werden. Nach dem Probezeitraum sollten sich alle Beteiligten endgültig verständigen, ob und für wie lange sie ein therapeutisches Dienstleistungsverhältnis in Form einer kombinierten Spiel- und Familientherapie eingehen wollen. Diese Absprache sollte dann einen bindenden Charakter haben.

5.2 Therapieverlaufs-Diagnostik

In der Therapieverlaufs-Diagnostik sind die Bemühungen des Kindes und seiner Familie zu dokumentieren, die zum Erreichen der Therapieziele vorgenommen werden; des weiteren ist durch das Einschätzen des jeweils erreichten Heilungsausmaßes pro Therapieziel die interne und externe Effektivität des Therapiegeschehens zu überprüfen.

5.2.1 Dokumentation des Verlaufsgeschehens

Die Dokumentation des Verlaufsgeschehens in der Spiel- und Familientherapie sollte anhand von Videoaufzeichnungen und *Protokollnotizen* eines jeden Therapiekontaktes vorgenommen werden. In den Protokollnotizen sollte für jedes Therapieziel angegeben werden, welche Handlungsweisen von Eltern und Kind unternommen worden sind, um die Therapieziele zu erreichen; auch sollte angegeben werden, wie der Therapeut die Eltern und das Kind bei ihrem heilungsfördernden Bemühen unterstützt hat.

Des weiteren sollte mitgeteilt werden, welche ökologischen und psychologischen Faktoren das Zeigen des Zielverhaltens behindern. Beide Analysen – die Analyse der fördernden und die der hindernden Bedingungen – sollten sich an dem im Kapitel 4.1.1 skizzierten Handlungskonzept orientieren. Sie sollten sich in einem ersten Durchgang nur auf die Handlungsweisen des Kindes und seiner Familie beziehen und nicht auf die des Therapeuten.

In einem zweiten Dokumentationsschritt sollte dann die *Beschreibung des Therapeutenverhaltens* erfolgen. Es sollte im Therapieprotokoll pro Kontakt festgehalten werden, was der Therapeut getan hat, um das Zielerreichungsverhalten des Kindes und seiner Familie zu fördern (oder zu behindern). Dabei sollte sich der Therapeut an den Therapeutenstrategien zur Spiel- und Familientherapie orientieren (s. Kap. 6). Dieser Teil der Protokollnotizen sollte gleichzeitig zur Selbst- und Fremdsupervision dienen (s. Schmidtchen 1989a und Blesken 1989).

5.2.2 Interne und externe Effektivitätskontrolle

Im Rahmen der *internen Effektivitätskontrolle* soll zu verschiedenen Beurteilungszeitpunkten vom Spieltherapeuten und Familientherapeuten angegeben werden, wie stark die *Heilungsbemühungen* des Kindes (in der Spieltherapie) und der Eltern (in der Familientherapie) gewesen sind. Das Ausmaß der Heilungsbemühungen ist an der Energie und Effektivität der Bemühungen zu erkennen, die die Eltern und das Kind zum Erreichen der Therapieziele unternommen haben. Dabei sollten vorrangig die vom Therapeuten überprüfbaren Bemühungen im Rahmen des Spieltherapie- und Familientherapie-Settings berücksichtigt werden und nicht die Bemühungen außerhalb der Therapie (s. externe Effektivitätskontrolle).

Um das Urteil über die therapieinternen Heilungsbemühungen von Eltern und Kind valider vornehmen zu können, empfiehlt es sich, für jedes Therapieziel *Zwischenziele* zu formulieren, deren Erreichen im Setting der Spiel- und Familientherapie beobachtet werden kann. Die Skalierung der Heilungsbemühungen sollte pro Familienmitglied einzeln vorgenommen werden.

Als *Skala zur Beurteilung des therapieinternen Selbstheilungsverhaltens* (SBS) ist eine fünfstufige Skala mit folgenden Markierungen zu verwenden. (Nähere Informationen s. Anhang):

1	2	3	4	5
keine oder sehr geringe Heilungsbemühungen	geringe Heilungsbemühungen	mittelstarke Heilungsbemühungen	starke Heilungsbemühungen	sehr starke Heilungsbemühungen

Die Analyse der Heilungsbemühungen von Eltern und Kind sollte zu drei Zeitpunkten vorgenommen werden: Zu Beginn der Therapie, im Mittelbereich und im Endbereich. Die Festlegung der Zeitpunkte für die erste und zweite Erfolgsbeurteilung sollte sich aus Vorhersagen über die geschätzte Länge der Therapie ergeben.

Parallel zur internen Effektivitätsbeurteilung sollte zu den gleichen Zeitpunkten auch eine *externe Effektivitätsbeurteilung* vorgenommen werden. Da das Verhalten von Eltern und Kind außerhalb der Therapiesettings vom Therapeuten nicht direkt beobachtet werden kann, ist die Beurteilung von den Betroffenen selbst oder von unabhängigen Beobachtern (wie z. B. Erziehern einer Kindertagesstätte etc.) vorzunehmen. Dabei sollten die Beobachter nicht die Selbstheilungs-Skala verwenden, sondern die im Anhang (S. 152) vorgestellte *Individuelle Problemliste* (IPL).

Mit der Individuellen Problemliste soll zu Beginn, in der Mitte und am Ende der Therapie geklärt werden, in welchem Ausmaß das kindliche Problemverhalten im außertherapeutischen Setting auftritt. Es wird also *nur das Kindverhalten* beurteilt und nicht das Verhalten der anderen Familienmitglieder. Von deren therapieexternen Heilungsbemühungen wird somit nur das *kindbezogene Resultat* erfaßt.

Durch die interne und externe Erfolgsbeurteilung ist es möglich, abzuschätzen, wie effektiv sich Eltern, Kind und Therapeuten um einen Heilungserfolg bemüht haben und welche der Problemverhaltensweisen in welchem Erfolgsausmaß abgebaut worden sind.

5.3 Therapieabschluß-Diagnostik

Im Rahmen der Therapieabschluß-Diagnostik soll auf die eingangs gekennzeichneten Problemverhaltensweisen in der Individuellen Problemliste (IPL) Bezug genommen werden. In einem Abschlußurteil ist von den Eltern oder Erziehern zu bestimmen, wie hoch der Störungsbelastungswert für die Umwelt und für das Kind pro Problemverhalten am Ende der Therapie ist. Dabei soll das Verhalten außerhalb des Therapiesettings als Beobachtungsgrundlage genommen werden.

Die von den Eltern oder Erziehern erhaltenen Urteile sollten mit den bisher erhobenen internen und externen Verlaufsurteilen verglichen werden. Diese Urteile müßten im günstigsten Fall ein einheitliches Ergebnis aufweisen; es kann jedoch vorkommen, daß mögliche *intern festgestellte Therapieerfolge* in der Spieltherapie und in der Familientherapie am Ende des Therapiegeschehens noch nicht voll auf die externen Situationsbedingungen eingewirkt haben, so daß in einer *Katamnese* ein halbes Jahr nach Therapieabschluß zu prüfen ist, ob – und wie stark – Nachwirkungseffekte aufgetreten sind. Diese Effekte sind zu erwarten, weil der Klient und seine Umwelt genügend Zeit brauchen, um die sehr differenzierten und interaktiv-vernetzten Verhaltensabläufe des Zielverhaltens zu erlernen.

Sollte es sich im Verlauf der internen und externen Erfolgskontrollen zeigen, daß der ursprünglich vereinbarte Zeitrahmen für die Spiel-

und Familientherapie zu kurz war, weil die Therapieziele noch nicht in befriedigender Weise erreicht worden sind, dann sollte die Spiel- und Familientherapie in Absprache mit Eltern und Kind verlängert werden.

Es ist jedoch auch denkbar, daß nicht für jedes Zielverhalten eine optimale Heilung durch die Therapie möglich ist, weil sich z. b. bestimmte Störungsbedingungen (z. B. schlechte ökonomische Verhältnisse oder Krankheiten der Eltern, Intelligenzschwäche oder ungünstige organische Bedingungen des Kindes, etc.) nicht verändern lassen oder weil Eltern und Kind zu wenig Heilungskompetenzen besitzen etc. In diesem Fall sollten die Beteiligten offen über die Gründe sprechen, warum bestimmte Effektivitätswerte sehr niedrig ausgefallen sind.

6. Therapeutenverhalten in der Spiel- und Familientherapie

In diesem Kapitel soll das klientenzentrierte Interventionskonzept vorgestellt werden. Im Abschnitt 6.1 sollen allgemeine Grundsätze des Therapeutenverhaltens in Form *globaler und spezifischer Therapiestrategien* vermittelt werden; im Abschnitt 6.2 einige *Besonderheiten des Therapeutenverhaltens in der Spieltherapie* als Einzel- und Gruppenverfahren und im Abschnitt 6.3 *Besonderheiten des Therapeutenverhaltens in der Familientherapie.*

6.1 Allgemeine Grundsätze des Therapeutenverhaltens

Obwohl es in der Tradition des klientenzentrierten Interventionskonzeptes üblich ist, das Therapeutenverhalten in Form von Therapeutenmerkmalen oder Therapeutenvariablen darzustellen, möchte ich hier einen anderen Ansatz wählen. Ich möchte das Verhalten des Therapeuten in Form von *Strategien* beschreiben, weil diese deutlicher angeben, daß es sich bei den Therapeutenmaßnahmen um komplexe Handlungsprogramme handelt, die in zielgerichteter Weise unter bestimmten Bedingungen eingesetzt werden.

Das Strategienkonzept entspricht exakter der Realität eines zielgerichteten Therapeutenhandelns und der im Kapitel 4.1 skizzierten Handlungstheorie. Außerdem ist das Therapeutenverhalten in der klientenzentrierten Spiel- und Familientherapie nicht variabel (im Sinne von „veränderlich"), sondern durch einen Satz von generellen und spezifischen Regeln und Maßnahmen festgelegt. Diese Regeln und Maßnahmen sollen in den beiden folgenden Kapiteln beschrieben werden.

Beginnen möchte ich mit einer Darstellung der *globalen Therapiestrategien.* Es handelt sich um die Strategien:
1. Gestaltung einer heilungsfördernden Therapeut-Klient-Beziehung;
2. Förderung von eigenverantwortlichen Selbstheilungshandlungen;
3. Hilfe zum Erkennen von wichtigen Selbstheilungsprozessen;

4. Prinzip der schrittweisen Förderung von Selbstheilungsprozessen;
5. Umgang mit unangemessenen Verhaltensweisen;
6. Förderung eines erfahrungsmachenden und bedeutungsschaffenden Lernens.

Die Strategien sollen in der angegebenen Reihenfolge vorgestellt werden.

6.1.1 Globale Therapiestrategien

6.1.1.1 Gestaltung einer heilungsfördernden Therapeut-Klient-Beziehung

Wie ich bereits in der Definition zur Kinderpsychotherapie festgestellt habe, gründet sich das therapeutische Interventionsverhalten auf eine bestimmte Art der *wechselseitigen Beziehung* zwischen Therapeut und Klient*, die Rogers (1959, S. 212) wie folgt charakterisiert hat:

1. Zwei Personen befinden sich in *Kontakt*.
2. Die erste Person, die wir Klient nennen, befindet sich in einem Zustand der Inkongruenz; sie ist *verletzlich* oder *voller Angst*.
3. Die zweite Person, die wir Therapeut nennen, ist *kongruent in der Beziehung*.
4. Der Therapeut *empfindet eine bedingungslose positive Wertschätzung* gegenüber dem Klienten.
5. Der Therapeut *erfährt empathisch den inneren Bezugsrahmen* des Klienten.
6. Der Klient *nimmt* zumindest in geringem Ausmaße die Bedingungen 4 und 5 *wahr*, nämlich die *bedingungslose positive Wertschätzung* und das *empathische Verstehen* des Therapeuten.

Eine therapeutische Beziehung setzt also voraus, daß sich Klient und Therapeut um eine bestimmte Art von gegenseitigem Kontakt bemühen, in dessen Rahmen die *seelischen Verletzungen und Ängste* des Klienten für beide Interaktionspartner fühlbar und kommunizierbar werden können und in dem sich der Therapeut so stabil verhält, daß er sich nicht vor den Gefühlen des Klienten ängstigt und die nötigen Hilfsangebote zur Überwindung der Verletzungen und Ängste machen kann.

---

* Mit der Bezeichnung Klient sollen im folgenden Einzelpersonen und Personengruppen (z. B. in der Gruppen- oder Familientherapie) gekennzeichnet werden. Das Therapeutenverhalten kann sich also auf einen oder mehrere Klienten beziehen.

Des weiteren sollte der Therapeut insbesondere für die verletzten und ängstlichen Seiten des Klienten, sowie für dessen Mut, sie zu zeigen, *Hochachtung und Anerkennung* empfinden. Dieses Gefühl sollte auf der eigenen Erfahrung beruhen, daß es viel an Mut bedarf, sich und anderen Menschen Schwächen einzugestehen und einen Therapeuten aufzusuchen.

Um dem Klienten bei der Störungsbewältigung zu helfen, sollte der Therapeut den *Bedeutungsgehalt* der seelischen Verletzungen und Ängste vor dem Hintergrund des Selbst-, Welt- und Beziehungskonzeptes des Klienten (d. h. dessen innerer Erfahrungswelt) verstehen. Er sollte sich bemühen, den Erlebnisgehalt der unangenehmen und ersehnten Erfahrungen nachzuvollziehen und mit dem Klienten darüber ins Gespräch oder Spiel zu kommen. Er sollte dem Klienten damit die Chance geben, sein Leid und seine Ängste mit einem oder mehreren anderen Menschen (wie in der Gruppen- und Familientherapie) zu teilen. Nutzt der Klient diese Chance und öffnet er sich für die verstehenden Angebote des Therapeuten und der Mitklienten, dann ist eine seelische Heilung möglich.

Es liegen genügend empirische und praktische Belege vor, daß diese Begegnungs- und Verstehensbedingungen in jeder Therapiekonzeption, sei sie psychoanalytischer, gestalttherapeutischer oder verhaltenstherapeutischer Art, als Ausdruck einer effektiven Klient-Therapeut-Beziehung angesehen werden. Es ist sogar anzunehmen, daß diese Form der verständnissuchenden und -gebenden Begegnung auch in anderen Rollenbeziehungen, z. B. zwischen Eltern und Kindern, Ehepaaren oder Freunden auftreten und eine entlastende und helfende Funktion haben kann.

Aus den genannten Beziehungsaspekten soll die *erste globale Therapiestrategie* für die Spiel- und Familientherapie abgeleitet werden; sie lautet wie folgt:

Globalstrategie 1: Jede therapeutische Hilfe fußt auf einem besonderen Beziehungsverhältnis zwischen Therapeut und Klient, das durch Hilfsbereitschaft, gefühlsmäßige Offenheit, gegenseitige Wertschätzung und ein Bemühen um Selbstkongruenz gekennzeichnet ist und in dem der Klient bereit ist, seine seelischen Schwierigkeiten offenzulegen und ein heilungsförderndes Verhalten zu lernen.

6.1.1.2 Förderung von eigenverantwortlichen Selbstheilungshandlungen

Damit die Effekte der Psychotherapie in möglichst jeder Situation auftreten können und damit der Klient zukünftig *eigenständig* sein Fehlverhalten korrigieren kann, sollte die therapeutische Hilfe auf den eigenständigen Abbau des gestörten und den eigenständigen Erwerb eines gesunden Verhaltens ausgerichtet sein; d. h. auf eine Stimulierung und Unterstützung aller Kräfte zum *Selbstheilungsverhalten.*

Der Klient soll in der Therapie lernen, wie er selbständig sein gestörtes Verhalten abbauen und sein Zielverhalten erwerben kann. Es findet also eine Hilfe zur Selbsthilfe statt. In einem ersten Hilfsangebot zum Erreichen dieses Zieles weist der Therapeut den Klienten auf die Eigenverantwortlichkeit für jede seiner Handlungen hin. Nicht die Umwelt oder andere Personen sind für sein gestörtes oder gesundes Verhalten verantwortlich, sondern er selbst.

In dieser Maxime steckt ein gewisser Widerspruch, wenn man auf die Regel der zirkulären Kausalität von Interaktionsprozessen (s. S. 30) Bezug nimmt. Dieser Widerspruch bezieht sich jedoch primär auf eine metapsychologische Analyse des Interaktionsverhaltens und weniger auf das *pragmatische Vorgehen* bei der Behandlung von Interaktionsstörungen. Weil interaktionelle Verhaltensweisen immer von Menschen ausgeführt werden, und nie von abstrakten Systemeinheiten, müssen die Menschen für ihr Verhalten verantwortlich gemacht werden und nicht das abstrakte System.

Diese Forderung der personalen Verantwortlichkeit bezieht sich auch auf die Menschen, die – wie im Falle einer Familie – in einem Systemverbund leben; hier muß jedes Familienmitglied seinen Teil an Verantwortung für die Regeln und Handlungsweisen übernehmen, nach denen es im Systemverbund gemeinsam mit anderen handelt.

Es ist die Aufgabe des Therapeuten, dem Klienten als Einzelperson oder als Mitglied einer Familiengemeinschaft zu helfen, so viel Eigenverantwortung für sein Handeln zu übernehmen wie dieser von seinen Fähigkeiten her tragen kann. Dabei ist es evident, daß Kinder wegen ihrer noch nicht voll ausgebildeten Persönlichkeit und ihrer Abhängigkeit von den Eltern weniger Verantwortung übernehmen können als Erwachsene. Dennoch gilt auch für sie, daß sie zumindest im geschützten Rahmen einer Spiel- und Familientherapie eine volle Verantwortung für ihr Handeln übernehmen müssen.

In Settings *außerhalb* der Therapie brauchen sie jedoch für viele interaktive Verhaltensweisen eine *stützende und entlastende Hilfe,* damit sie ihren Teil der Verantwortung voll tragen können. Über die Art dieser Hilfe sollten sich Eltern und Kind mit Unterstützung des Therapeuten verständigen.

Aus den Ausführungen ergeben sich die Aussagen zur *zweiten Globalstrategie* des Therapeutenverhaltens; sie lauten:

Globalstrategie 2: Der Klient ist für den Abbau seines gestörten und den Aufbau seines gesunden Verhaltens selbst verantwortlich. Der Therapeut hilft ihm dabei durch die Bereitstellung stützender Rahmenbedingungen und die Entlastung von zu viel Fremdkontrolle.

In der zweiten Globalstrategie wird mit der Betonung der Eigenverantwortlichkeit des Handelns eine philosophische Position vertreten, die über das Therapiesetting der Spiel- oder Familientherapie hinaus von Bedeutung ist. Sie besagt, daß man Menschen Verantwortung für ihr Verhalten zutrauen kann und daß sie diese Verantwortung auch in realistischer Weise, z. B. gegen belastende äußere und innere Gegebenheiten der ökologischen oder psychologischen Handlungsbedingungen, tragen können.

Ich gehe davon aus, daß es lebenspraktisch und therapiebezogen sinnvoller ist, die *Eigenverantwortlichkeit* menschlichen Handelns zu postulieren, als die Fremdgesteuertheit. Obwohl ich mir der Wechselwirkung zwischen Eigen- und Fremdsteuerung in besonderen Situationen bewußt bin, ist es dennoch empfehlenswert, den Klienten darauf hinzuweisen, daß er letztlich in jeder Umwelt – wie belastend sie auch sein mag – Wege zur Selbstverwirklichung finden muß und kann.

6.1.1.3 Hilfe zum Erkennen von wichtigen Selbstheilungsprozessen

Eine große Hilfe beim Finden von heilungsfördernden Handlungsweisen besteht darin, daß der Therapeut dem Klienten *Hinweise zur Unterscheidung zwischen heilungswichtigen und -unwichtigen Handlungsprozessen* gibt und ihn lehrt, wie er diese Hinweise bei der Verhaltensgestaltung nutzen kann. Damit lehrt der Therapeut den Klienten, wie er sein eigener Psychotherapeut werden kann und hilft ihm, seine Wachstumsbedürfnisse adäquater zu befriedigen und seine psychischen Probleme besser zu lösen.

Die Vermittlung dieser Kenntnisse ist nicht einfach. Sie setzt voraus, daß der Therapeut selbst weiß, welche seiner Verhaltensweisen sein eigenes seelisches Wachstum fördern und wie er selbst gelernt hat, seine Probleme zu bewältigen. Dieses Wissen ist wahrscheinlich am tiefsten und gründlichsten in einer *Eigentherapie* und in der *Selbsterfahrung* mit Methoden der Spiel- und Familientherapie zu erlangen. Es ist jedoch beständig auf dem neuesten Stand zu halten, so daß der Therapeut immer wieder über aktuelle Erkenntnisse seines Selbstverwirklichungs- und seines Problemlösungshandelns verfügen muß.

Im folgenden sollen einige Hinweise zum Erkennen von *wichtigen Selbstheilungsprozessen* gegeben werden; es sind Hinweise, die für Kinder und Erwachsene gelten.

Selbstheilungsprozesse kann man daran erkennen, daß sie sehr *ichnah* sind, d. h. daß der Klient mit ihnen wichtige Interessen seines Selbst ausdrücken oder ausführen will. Die Selbstheilungsprozesse stehen *im Dienste der Selbstverwirklichungstendenz* oder – wenn sie in der Eigenschaft eines Familienmitgliedes ausgedrückt werden – im Dienste der *Verwirklichungstendenz des Familienkonzeptes* (s. a. S. 32).

Die Prozesse werden mit einem *hohen psychischen Energieaufwand* durchgeführt und sind im allgemeinen stark *gefühlsbetont*. Diese Gefühlsbetonung ergibt sich daraus, daß die Selbstheilungshandlungen oft lange nicht ausgedrückt werden durften, weil sie durch angstmachende oder schamauslösende Verbote unterdrückt worden sind. Eine plötzliche Ausführung dieser lange gehemmten Handlungsabsichten kann deshalb zu einer Freisetzung von unterdrückten Gefühlen führen, sowie zu einer gefühlsmäßigen Wut oder Trauerreaktion über die bisher nicht gelebten Strebungen.

Im allgemeinen lassen sich die Selbstheilungskräfte durch Lebenslust, Neugier, Mut, Interesse und Humor stimulieren. Auch das diesbezügliche Vorbild von Mitklienten kann eine dynamische Schubkraft haben. Inhaltlich beziehen sich die Kräfte auf die *Stimulierung von Wachstumstendenzen* (z. B. im Sinne einer verbesserten Bedürfnisbefriedigung) und auf die *Lösung problematischer Situationen*. Insofern sind immer auch stimulierende Umweltsituationen notwendig, damit z. B. die Problemlösungskompetenzen verbessert werden können.

Zusammengefaßt lautet die *dritte globale Therapiestrategie*:

Globalstrategie 3: Selbstheilungsprozesse kann man daran erkennen, daß der Klient mit hohem Energieaufwand Handlungen im Dienste des Selbst- oder Familienkonzeptes anstrebt, die mit starken Affekten der Angst, Trauer, Scham, Wut, Enttäuschung etc. verbunden sein können oder mit großer Neugier, Lebenslust oder großem Mut. Das intensive Erleben dieser Affekte ist wichtig, damit die durch die Affekte unterdrückten oder stimulierten heilungsfördernden Handlungsweisen freigesetzt werden können.

6.1.1.4 Prinzip der schrittweisen Förderung von Selbstheilungsprozessen

Während es in der *ersten Phase* der Förderung eines Selbstheilungs-verhaltens genügt, die Klienten zu einer unspezifischen Suche von Selbstheilungskompetenzen aufzufordern und diese Kompetenzen verstehend und bewußtmachend zu begleiten, ist es in der *zweiten Phase* wichtig, auf die Güte der gefundenen Selbstheilungsbemühungen einzugehen und jeden Versuch zu deren Effektivierung zu unterstützen.

Diese Unterstützung kann sehr vielfältig sein: Sie kann in einer verbalen oder nichtverbalen *Markierung* der heilungsfördernden oder -hindernden Handlungsprozesse und Umweltbedingungen bestehen; in einer verbalen oder nichtverbalen *Begrenzung* eines heilungshindernden Verhaltens; in einer gezielten *Information* über fördernde Bedingungen; in einem Zeigen von *Modellverhalten*; in einer *Bedeutungsumformung* unangenehmer Erfahrungen oder in einer *körperbezogenen Hilfe* (näheres s. Kap. 6.1.2).

Wichtig ist, daß die therapeutische Förderung in der ersten Phase nicht auf die Veränderung *bestimmter* Störungsbedingungen oder die Herstellung *bestimmter* Zielverhaltensweisen ausgerichtet ist, sondern auf die Unterstützung eines *generellen* Selbsthilfebemühens. Im Rahmen dieser generellen Stimulierung wird der Klient immer wieder ermuntert, seine Probleme selbst zu lösen oder Wege zur besseren Befriedigung seiner Bedürfnisse zu suchen.

In der zweiten Förderungsphase ist die therapeutische Hilfe auf die Suche von *spezifischen* Verhaltensweisen zum Erreichen der Therapieziele und zum Abbau des Problemverhaltens ausgerichtet. Dabei liegt der Schwerpunkt der Förderung auf der Hilfe zur *Produktion von Zielverhalten* und weniger auf der Hilfe zur Vermeidung von gestörtem Verhalten.

Der Klient soll in dieser Phase lernen, möglichst viele Handlungsalternativen zum Erreichen der Therapieziele zu entwerfen, so daß er in der Folge für die unterschiedlichsten Anforderungssituationen Handlungsmöglichkeiten besitzt.

Die *vierte globale Therapiestrategie* läßt sich wie folgt zusammenfassen:

Globalstrategie 4: Die Förderung des Selbstheilungsverhaltens geschieht schrittweise; in der ersten Phase wird eine unspezifische Suche von Selbstheilungskompetenzen stimuliert und in der zweiten Phase eine spezifische Suche. In dieser Phase wird der Klient

---

aufgefordert, spezielle Handlungsprogramme zum Erreichen der Therapieziele zu erwerben; dabei wird er vielfältigst vom Therapeuten unterstützt.

6.1.1.5 Umgang mit unangemessenen Verhaltensweisen

Wie praktische Erfahrungen aus der Spiel- und Familientherapie belegen, zeigen die Klienten in beiden Therapiesettings nicht nur ein angemessenes, sondern auch ein *unangemessenes Verhalten*. Es ist also nicht so, daß die Klienten mit Eintritt in eine Spiel- oder Familientherapie nur noch ein ungestörtes Verhalten zeigen, vielmehr haben empirische Studien z. B. aus der Spieltherapie ergeben (s. S. 25), daß während des gesamten Therapieverlaufes neben einem heilungsfördernden Verhalten auch ein unangemessenes Verhalten gezeigt wird, wobei das angemessene Verhalten prozentual häufiger auftritt als das unangemessene.

Erklären läßt sich dieses Phänomen damit, daß die Klienten entweder unfähig sind, bestimmte Problem- oder Bedürfnisbefriedigungssituationen anders als mit gestörten Verhaltensweisen zu lösen oder daß sie aus Gewohnheit, Selbstschutz, Angst, Aggressivität oder anderen Motiven heraus das gestörte Verhalten zeigen.

Der Therapeut sollte auf dieses Geschehen so reagieren, daß er die Klienten die *Konsequenzen des gestörten Verhaltens* erfahren läßt und ihnen immer wieder Mut macht, ein ungestörtes Verhalten zu erwerben. Bei einigen Klienten muß er dafür mehr Zeit aufbringen als bei anderen. Damit die Klienten jedoch lernen, daß es nutzbringender ist, ein heilungsförderndes Verhalten zu erwerben, sollten die gestörten Handlungsweisen nicht gebilligt werden; vielmehr sollte sich der Therapeut von ihnen distanzieren und sollte in *den* Situationen, in denen er oder Mitklienten körperlich oder seelisch angegriffen werden, sich und die anderen Therapiemitglieder schützen. Bei diesen Schutzmaßnahmen kann der Therapeut durchaus direktiv vorgehen und das angreifende Verhalten verbieten, eindämmen oder (im extremsten Fall) verhindern (s. a. S. 105).

Da viele gestörte Handlungsweisen durch *Wahrnehmungsverzerrungen* oder Angstgefühle ausgelöst werden können, ist es wichtig, dem Klienten dies vor Augen zu führen und ihn zu ermuntern, seine Handlungsprozesse realistischer und angstakzeptierender zu organisieren.

Beim Zeigen der gestörten Verhaltensweisen sollte der Klient des weiteren immer wieder darauf hingewiesen werden, daß er auch diese Handlungen verantworten muß und daß er – aus seiner Sicht gesehen – vielleicht einen Grund zum Zeigen des gestörten Verhaltens haben mag, daß es aber dem Therapeuten und seinen Interaktionspartnern nicht zuzumuten sei, unter dem Klientenverhalten zu leiden. Deshalb würden sie sich gegen das störende Verhalten wehren.

Zusammenfassend lautet die *fünfte globale Therapiestrategie*:

Globalstrategie 5: Unangemessene Verhaltensweisen sollen dem Klienten rückgemeldet werden, damit er aus den Konsequenzen seines Verhaltens lernen kann. Beziehen sich die unangemessenen Handlungen auf Personen oder gefährden sie Objekte, dann sollten sie eingedämmt oder verhindert werden. Verdeckte oder gestörte Transaktionen aufgrund von Projektionen oder anderen Formen psychischer Angst-Abwehr sollten offengelegt und durch offene und gesunde Transaktionen ersetzt werden.

6.1.1.6 Förderung eines erfahrungsmachenden und bedeutungsschaffenden Lernens

Die sechste Globalstrategie des Therapeutenverhaltens betrifft die Förderung eines *erfahrungsmachenden und bedeutungsschaffenden Lernens*. Dieses geschieht unter der Beteiligung von Gefühlen und Kognitionen, ist selbstinitiiert, intrinsisch motiviert und bezieht sich auf den Erwerb von entwicklungsorientierten, sinnvollen Lebenskompetenzen (s. a. Rogers 1974a und S. 12):

Damit ein erfahrungsmachendes und bedeutungsschaffendes Lernen stattfinden kann, sind einige psychologische und ökologische Aspekte zu berücksichtigen. Die *psychologischen Aspekte* beziehen sich im wesentlichen auf die Schaffung einer angemessenen Lernstimmung zum Entdecken und Erproben von heilungsfördernden Handlungen und die *ökologischen Aspekte* beziehen sich auf die Schaffung geeigneter Lernumwelten (bzw. Lernaufgaben) zur Wachstumsförderung und Problemlösung (s. Oerter und Montada 1987).

In der *Spieltherapie* läßt sich eine heilungsfördernde Lernstimmung durch ein anregendes, freundliches, gefühlsoffenes und angstabbauendes psychologisches Klima herstellen und durch die Bevorzugung von Spieltätigkeiten als primäres Kommunikations- und Lernmedium. Durch die therapeutische Nutzung der Spieltätigkeit werden viele Aspekte der obigen Lerndefinition bereits erfüllt, weil die geförderten Spielhandlungen im wesentlichen den gleichen Definitionsbedingungen genügen wie die Lernhandlungen (s. S. 9). Die Schaffung von heilungsfördernden Lernumwelten wird in der Spieltherapie durch das umfassende Spielzeugangebot und die Freiheit der Spielthemenwahl und Spielgestaltung ermöglicht.

In der *Familientherapie und Gruppenspiel-Therapie* lassen sich die Bedingungen einer heilungsfördernden Lernstimmung wegen der vielen anwesenden Klienten und ihrer unterschiedlichen Interessen weniger leicht herstellen als in der Einzeltherapie. Deshalb kann das Therapieklima in den ersten Sitzungen häufig gereizt und konfliktgeladen sein. Dies hängt auch damit zusammen, daß sich die Klienten wegen ihrer Empfindlichkeiten häufig mißverstehen und gegenseitig kränken. Dabei kann die Gruppe der Klienten eine so destruktive kommunikative Dynamik entwickeln, daß der Therapeut zuweilen mit großem Nachdruck für ein aggressionsfreies psychologisches Klima eintreten muß (s. a. S. 96).

Die Schaffung von lernanregenden Umweltsituationen ergibt sich in der Familientherapie aus den zahlreichen Interaktionssituationen, in denen die Familienmitglieder ein gestörtes Konfliktlösungsverhalten zeigen. Diese Situationen sollten als Herausforderung zur Produktion alternativer Verhaltensweisen deklariert werden.

Damit dem Klienten der *Bedeutungsgehalt* seiner Lernerfahrungen deutlich wird, sollte der Therapeut den Bezug des Gelernten zum Selbst-, Welt- und Beziehungskonzept des Klienten herstellen. Dies geschieht im wesentlichen durch ein *empathisches Nachvollziehen und bewußtmachendes Reflektieren* der vom Klienten gemachten Erfahrungen.

Für ein angemessenes Bedeutungsverständnis ist jedoch nicht nur der gedankliche Gehalt des Gelernten wichtig, sondern auch der erlebnismäßige. Dieser variiert zwischen den Gefühlsdimensionen: angenehm – unangenehm und: nicht bedrohlich – bedrohlich (angstvoll). Der Therapeut sollte bei seinem bedeutungsschaffenden Empathieverhalten den Mut haben, dem Klienten auch die unangenehmen und bedrohlichen Lernerfahrungen nahezubringen und sie nicht aus einem Gefühl der Höflichkeit, Unsicherheit oder Angst übersehen.

Da die unangenehmen und angstauslösenden Gefühle vom Klienten meistens als eine Bedrohung seines Selbstkonzeptes und Selbstwertgefühles angesehen werden, sollte der Therapeut *behutsam* mit ihrer bewußtmachenden Aufdeckung umgehen und einen möglichen Widerstand des Klienten gegen diese Offenlegung als ein verständliches Schutzverhalten ansehen.

Bei der therapeutischen Unterstützung der Lernprozesse des Klienten sollte immer berücksichtigt werden, daß die Bedeutungssuche von Seiten des Therapeuten sehr viel Einfühlungsvermögen und Feingefühl voraussetzt und daß die gemeinsame Kommunikation über das Erfahrene und Erlebte nur in einer intimen Begegnungssituation möglich ist, und nicht in einem angespannten oder distanzierten Therapieklima oder einer angespannten Therapeut-Klient oder Klient-

Mitklient-Beziehung. Zusammenfassend lautet die *sechste globale Therapiestrategie:*

Globalstrategie 6: In der klientenzentrierten Spiel- und Familientherapie soll ein erfahrungsmachendes und bedeutungsschaffendes Lernen angestrebt werden. Dieses Lernen erfordert vom Therapeuten die Schaffung eines anregenden, freundlichen, gefühlsoffenen und angstabbauenden psychologischen Klimas, sowie die Herstellung einer lernstimulierenden Umwelt. Der Bedeutungsgehalt des Gelernten soll dem Klienten durch verstehende und reflektierende Empathieprozesse rückgemeldet werden, damit er bei seiner Sinnsuche eine menschliche Partnerschaft spüren kann.

Im folgenden Kapitel sollen aus den skizzierten globalen Strategien *spezifische Strategien* für das Therapeutenverhalten in der Spiel- und Familientherapie abgeleitet werden.

6.1.2 Spezifische Therapiestrategien

Die Ableitung spezifischer Handlungsregeln für das Therapeutenverhalten ist erforderlich, um die globalen Strategien auch auf einer Mikroebene des Interaktionsgeschehens zwischen Therapeut und Klient einsetzen und für die Therapeutenausbildung konkretisieren zu können. Obwohl die Aufzählung der spezifischen Handlungsregeln nicht umfassend sein dürfte, gibt sie dennoch einen Eindruck von den Besonderheiten des Therapeutenverhaltens in einer klientenzentrierten Spiel- und Familientherapie.

Folgende *spezifische Therapeutenstrategien* kommen in einer klientenzentrierten Spiel- und Familientherapie zum Einsatz:

A) Strategien zur Gestaltung einer heilungsfördernden Beziehung

1. Engagierte Fürsorge für den Klienten (Hilfsbereitschaft)
2. Schaffung eines anregenden, freundlichen, gefühlsoffenen und angstabbauenden psychologischen Klimas
3. Achtung und Wertschätzung des Klienten
4. Bemühen um ein selbstkongruentes Therapeutenverhalten
5. Bemühen um eine dialogische Kommunikation

B) Strategien zur generellen Förderung von Selbstheilungsprozessen

1. Markierung von heilungsfördernden und -hindernden Prozessen

2. Bemühen um ein Bedeutungs-Verstehen heilungswichtiger Klientenerfahrungen (Empathie 1)
3. Bewußtmachende Reflexion heilungswichtiger Klientenerfahrungen (Empathie 2)
4. Regulierung der räumlichen Nähe

C) Strategien zur speziellen Förderung von Selbstheilungsprozessen
1. Vorschläge oder Anweisungen
2. Verhinderung eines gestörten Verhaltens (Grenzsetzung)
3. Zeigen eines Modellverhaltens
4. Bedeutungsumformung unangenehmer Erfahrungen
5. Hilfe durch körperbezogene Interventionen

6.1.2.1 Strategien zur Gestaltung einer heilungsfördernden Beziehung (A-Strategien)

Die *therapeutische Beziehung* ist das Fundament, auf der das heilungsfördernde Geschehen zwischen den Beteiligten abläuft. Ohne eine fürsorgliche, anregende, freundliche, gefühlsoffene, angstabbauende und wertschätzende Beziehung zwischen Therapeut und Klient, können die Klientenprozesse der Selbstöffnung, der Störungskorrektur und des Bemühens um Selbstheilung nicht stattfinden. In der Beziehung mit dem Therapeuten soll der Klient Halt, Heilungsoptimismus, Heilungshilfe und häufig auch Heilungsenergie finden.

Wie eine fürsorgliche Mutter oder ein liebevoller Vater hilft der Therapeut seinem Klienten, im Schutze einer therapeutischen *Bindungsbeziehung* (s. Bowlby 1984) einen Neuversuch der Störungsbewältigung und des persönlichen Wachstums zu unternehmen. Dabei bezieht sich die Bindung nicht nur auf das Therapiekind, sondern auf alle Familienmitglieder des Kindes, so daß sich die therapeutische Fürsorge auf das ganze Familiensystem erstreckt. Vor dem Hintergrund dieser Erkenntnisse haben die bekannten Therapieforscher Orlinsky und Howard (1978, S. 317) erklärt, daß eine erfolgreiche Therapie vorwiegend durch die *positive Qualität des Beziehungsbandes* zwischen Therapeut und Klient(en) gekennzeichnet ist und nicht allein durch spezifische Veränderungshilfen des Therapeuten. Sie schreiben:

„Effektive Psychotherapie ist als ein zwischenmenschlicher Prozeß am durchgängigsten durch die positive Qualität des Bandes gekennzeichnet, das sich zwischen den Teilnehmern entwickelt. (...) Sowohl vom Klienten als auch vom Therapeuten wird in intensiver und effektiver Weise Energie in Beziehungsrollen investiert, die sich auf Klientenseite in einer selbstexpressiven, emotionalen Bindung an den Therapeuten ausdrückt und auf Therapeutenseite in aktiver Zusammenarbeit mit dem Klienten unter der Verwendung *der* Techniken, die der Therapeut am besten beherrscht und denen er am meisten vertraut."

Im Gegensatz zur Kind-Eltern-Beziehung ist die Klient-Therapeuten-Beziehung *zeitlich begrenzt* und durch bestimmte *Interaktionsvereinbarungen* gekennzeichnet. Die Vereinbarungen beziehen sich auf den Inhalt und die Art der therapeutischen Hilfeleistungen, die Form der Mitarbeit und Eigenaktivität des Klienten, den Zeitrahmen und Ort der Therapie, die Bezahlung etc. (s. Schmidtchen 1989a, S. 123f.). – Meist ist es so, daß insbesondere die Kinderklienten noch keine Erfahrungen mit dieser Art von Beziehung haben, so daß sie diese erst erwerben müssen. Dabei können sie an die Erfahrungen anknüpfen, die sie z.B. mit der Arzt-Patienten- oder der Lehrer-Schüler-Rolle haben. Wegen der Intimität des zu behandelnden psychischen Geschehens sind auch sehr private Beziehungserfahrungen mit den Eltern oder anderen Personen zu aktivieren.

Auf andere Besonderheiten des therapeutischen *Beziehungsaufbaues mit Kindern* weist Axline (1972, S. 74) hin. Sie schreibt:

„Wenn ein Kind zur Spieltherapie kommt, so meist deshalb, weil ein Erwachsener es zur Behandlung in die Klinik geschickt oder gebracht hat. Es geht dieser einzigartigen neuen Erfahrung nun ebenso entgegen wie allen früheren: mit Begeisterung oder Angst, Vorsicht und Widerstand oder mit irgendeinem anderen, für seine Reaktionsweise typischen Verhalten. Diese erste Begegnung ist für den weiteren Verlauf der Therapie bedeutungsvoll, denn bei der ersten Kontaktaufnahme wird gewissermaßen die Bühne für die späteren Handlungen aufgebaut; dabei wird der Aufbau dem Kind nicht nur durch Worte, sondern auch durch die Art der Beziehung, die zwischen dem Therapeuten und dem Kind entsteht, vor Augen geführt."

Deshalb sollte der Beginn einer Spieltherapie sehr behutsam gestaltet werden, indem man z.B. Eltern und Kind in einem ersten Termin (z.B. nach einer Diagnostiksitzung mit der Familie) das Spielzimmer zeigt und dem Kind die wichtigsten Therapieregeln – insbesondere die freie Wahl des Spielzeugs – mitteilt.

Um die besondere Art der heilungsfördernden Beziehung deutlich zu machen, kann der Therapeut auch von anderen Kindern erzählen, die zu ihm in die Spieltherapie kommen und die im Rahmen der Spieltherapie ihre Sorgen und Probleme im Spiel und Gespräch ausdrücken können.

Er kann des weiteren darauf hinweisen, daß er wichtige Probleme gemeinsam mit Eltern und Kind besprechen will, damit alle zusammen geeignete Lösungswege suchen können.

Im folgenden sollen die einzelnen *Unterstrategien* des heilungsfördernden Beziehungsverhaltens beschrieben werden:

Strategie A1: Engagierte Fürsorge für den Klienten (Hilfsbereitschaft)

Das Besondere an der Therapeut-Klienten-Beziehung ist die *Helferrolle* des Therapeuten und die *Rolle des Hilfesuchenden* des Klienten. Sowohl das leidende Kind als auch dessen Eltern bitten den Therapeuten um die Mithilfe bei der Bewältigung der seelischen Störungen des Kindes und der Familie. Deshalb ist es die vorrangigste Aufgabe des Therapeuten, eine hinreichende *Heilungskompetenz* zu besitzen und diese in fürsorglicher Weise in die Therapie mit Eltern und Kind einzubringen. Dabei sollte das Hilfsangebot zuweilen auch pädagogisch engagiert gegeben werden, damit die Eltern und Kinder eine Orientierung für ihr Zielverhalten bekommen können und eine angemessene Förderung ihrer Entwicklung. Eine Kinder- und Familientherapie beinhaltet deshalb auch immer eine *Entwicklungspädagogik*.

Strategie A2: Schaffung eines anregenden, freundlichen, gefühlsoffenen und angstabbauenden psychologischen Klimas

Wichtig für die Freisetzung von Wachstumskräften und Störungskorrekturverhalten ist das *emotionale Klima* zwischen Therapeut und Klient und zwischen den Mitklienten im Rahmen einer Gruppen-Spieltherapie oder Familientherapie. Es sollte anregend, freundlich, gefühlsoffen und angstabbauend sein. *Anregend* deshalb, damit spontanes Neugierverhalten zum Erwerb von heilungsfördernden Handlungsweisen auftritt; *freundlich,* damit sich Klient und Therapeut in der Therapie wohlfühlen; *gefühlsoffen,* damit alle Arten von unterdrückten Gefühlen gezeigt werden können und *angstabbauend,* damit mögliche Angst-Abwehrmechanismen und Angst-Vermeidungsverhaltensweisen reduziert werden können.

Schwierigkeiten mit dem psychologischen Klima treten in der Therapie jedoch häufig dann auf, wenn der Klient (oder die Klienten) aggressive Gefühle und Handlungen auf den Therapeuten, andere Therapiemitglieder oder Objekte richtet (richten). Dann ist es empfehlenswert, daß sich der Therapeut und die Mitklienten nicht provozieren lassen, damit keine Eskalation von Aggressionen stattfindet und damit jeweils eindeutig zu klären ist, aus welchen Gründen der Klient aggressiv reagiert hat. Im Rahmen dieser Klärung ist es auch wichtig, mit dem Klienten durchzusprechen, ob es für ihn nicht effektiver wäre, seine Interessen durch ein nicht-aggressives Verhalten durchzusetzen. Da diese Klärung in der erregten Konfliktsituation meist nicht möglich ist, sollte sie in einer der ersten ruhigen Phasen der Therapie nach dem Zeigen des aggressiven Verhaltens stattfinden.

Die Therapie aggressiver Verhaltensweisen und wütender oder ärgerlicher Gefühle erfordert vom Therapeuten viel Geschick, weil er dem Klienten verdeutlichen muß, daß dieser zwar ein Recht auf die Äußerung von wütenden und ärgerlichen Gefühlen hat, sie aber so zeigen muß, daß unbescholtene Personen nicht in ungerechtfertigter Weise angegriffen oder seelisch verletzt werden.

Beim Vorherrschen *ängstlicher* Gefühle sollte das Therapieklima möglichst humorvoll und entspannt gestaltet werden, damit es der Klient wagen kann, sich zunehmend intensiver mit seinen Ängsten auseinanderzusetzen und sein phobisches Vermeidungsverhalten aufzugeben. Da die Gestaltung eines heilungsfördernden psychologischen Klimas sehr von den vorherrschenden Gefühlen und der durch sie bestimmten Verhaltensweisen der Klienten abhängig ist, muß der Therapeut – insbesondere in Gruppen- und Gemeinschaftssituationen – sehr viel Geschick aufbringen, damit ein lernförderndes Klima entstehen kann. Dabei kann es zuweilen erforderlich werden, daß er *stärker strukturierend und begrenzend* eingreift, als es im klientenzentrierten Therapieansatz allgemein üblich ist. Er muß dies besonders dann tun, wenn das aggressive oder sonstwie belastende Problemverhalten nicht nur ein vorübergehendes, momentanes Geschehen ist, sondern dauerhaft auftritt (s. a. Strategie C2). Dies ist häufig dann der Fall, wenn das aggressive Verhalten Ausdruck der Störungsproblematik des Klienten ist.

Strategie A 3: Achtung und Wertschätzung des Klienten

Der Therapeut sollte sich bemühen, seine Klienten nicht als „Fälle", sondern als Menschen zu sehen, die den Mut haben, ihre seelischen Probleme offenzulegen und zu überwinden. Er sollte dieses Bestreben seiner Klienten in hohem Maße schätzen. Hilfreich im Sinne einer Wertschätzung ist es auch, unangenehme Gefühle und Verhaltensweisen der Klienten als Ausdruck ihrer seelischen Verletztheit oder ihres Schutzverhaltens vor weiteren Verletzungen anzusehen und weniger als Ausdruck von Mißfallenskundgebungen gegen die Person des Therapeuten. Auch wenn dem Therapeuten die unangenehmen Gefühle oder Verhaltensweisen zuweilen große Probleme bereiten sollten, weil sie das therapeutische Klima oder den therapeutischen Prozeß stören, sollte er bemüht sein, sie als den Verhaltensausdruck eines leidenden Menschen zu sehen, der – aus welchen Gründen auch immer – gelernt hat, in dieser Weise mit sich und seiner Umwelt zu kommunizieren.

Diese therapeutische Haltung ist leichter zu realisieren, wenn man für den Klienten *Wertschätzung* in einer Form empfinden kann, wie sie Rogers (1962, S. 420) beschrieben hat. Danach drückt sich die Wertschätzung des Therapeuten darin aus, „… daß er den Klienten als Person mit etwa der gleichen Art von Gefühlen schätzt, wie sie Eltern für ihr Kind hegen und ihn ohne Vorbehalte wegen seines momentanen (gestörten) Verhaltens annimmt (…). Der Therapeut sollte den Klienten so lieben, wie er ist; vorausgesetzt, man versteht das Wort Liebe in der Bedeutung des theologischen Begriffes der „Agape" und nicht in seiner üblichen romantischen oder beherrschenden Bedeutung (…). Es ist ein Gefühl, das weder väterlich, noch sentimental, noch übertrieben sozial oder akzeptierend ist. Es respektiert den Anderen als eine eigenständige Person und will ihn nicht beherrschen. Es ist eine starke Sympathie ohne Verlangen."

Strategie A 4: Bemühen um ein selbstkongruentes Therapeutenverhalten

Das Streben des Therapeuten nach einem *mit seinem Selbst kongruentem Verhalten* ist eine der zentralsten Begegnungsbedingungen der klientenzentrierten Therapie. Es beinhaltet, daß der Therapeut intuitiv und reflexiv so entwickelt sein sollte, daß er sich – zumindest in der Therapie – möglichst übereinstimmend mit seinen Selbstkonzeptannahmen verhalten kann. Dies ist daran zu erkennen, daß möglichst *wenig Inkonsistenzen* zwischen dem, *was* er sagt und dem, *wie* er es sagt, bestehen.

Ein kongruentes Verhalten orientiert sich an den Motiven, Überzeugungen und Gefühlen des organismischen Selbst und nicht an den Erwartungen und Wünschen anderer Personen. Als kongruenter Mensch ist der Therapeut für den Klienten ein Vorbild für eine eigenständige Person, die sich bemüht, aus einer sinnsuchenden und sinnbestimmenden Position heraus zu leben. Dies ist eine Weltanschauung, zu der sich der klientenzentrierte Therapeut auch in seinem privaten Leben bekennen sollte.

Zu dieser Lebensweise gehört auch das Bemühen, seine eigenen Wachstums- und Selbstheilungstendenzen (s. a. S. 16ff) zu verwirklichen und sie im Rahmen einer Eigentherapie erkannt und reflektiert zu haben. Es ist für einen Therapeuten sehr hilfreich, aufgrund eigener Erfahrungen als Klient (z. B. in einer Gesprächs-, Spiel- oder Familientherapie) *die* Selbstheilungsmechanismen erlebt zu haben, die er bei seinen Klienten erkennen und fördern will.

Dabei ist besonders die selbsterfahrene Kenntnis der inneren und äußeren Bedingungen wichtig, die eine heilsame seelische Veränderung bei sich und anderen ermöglichen.

Aus den Ausführungen wird ersichtlich, welche vielfältigen Lebens- und Ausbildungsbedingungen vorliegen müssen, bis ein Therapeut ein relativ optimales *selbstkongruentes Verhalten* zeigen kann. Dieses wird von Rogers (1987, S. 182 f.) wie folgt beschrieben:

„Von den zahlreichen Bedingungen, die ich als wichtig für eine effektive Psychotherapie beschrieben habe, ist die Kongruenz – die Echtheit oder Realität, in der der Therapeut er selbst ist – das herausragende Element. Sie bedeutet (...) eine Bereitschaft, anderen Gefühle zu kommunizieren – sogar negative – wenn sie beständig erlebt werden. So können Langeweile, Ärger, Mitleid oder andere Gefühle ausgedrückt werden, wenn sie ein bedeutsamer und kontinuierlicher Teil des therapeutischen Erlebens mit dem Klienten sind. – Die Therapie schreitet für mich am effektivsten voran, wenn die Beziehung das therapeutische Erleben von empfindsamer, sogar intuitiver Empathie erhält, sowie von Wertschätzung und Fürsorge für den Klienten; über allem steht aber die Kongruenz, im Rahmen derer der Therapeut bereit und in der Lage ist, seine echten Gefühle zu leben."

Es wird angenommen, daß ein hohes Ausmaß an erreichter therapeutischer Selbstkongruenz einen heilsamen Einfluß auf den Klienten hat, weil dieser sich dann am deutlichsten selbst spüren kann. Die therapeutische Selbstkongruenz hilft dem Klienten, sich frei von irgendwelchen unterschwelligen Einflüssen selbst zu bestimmen und der Therapeut kann dem Klienten durch sein selbstkongruentes Verhalten zum *Vorbild* für ein selbstbestimmtes Handeln werden.

Strategie A 5: Bemühen um eine dialogische Kommunikation

Das Bemühen um eine nichtverbale und verbale *dialogische Kommunikation* mit dem Klienten ist erforderlich, damit dieser wichtige soziale Erfahrungen in der Begegnung mit dem Therapeuten lernen kann. Wie empirische Untersuchungen an Säuglingen gezeigt haben (s. Papoušek und Papoušek 1987), wird wichtiges soziales Erfahrungslernen in der dialogischen Kommunikation zwischen Eltern und Kind erworben, die im wesentlichen *intuitiv* abläuft.

Die Form der dialogischen Begegnung wird auch als *gemeinsamer „Tanz"* bezeichnet; dieser „Tanz" besteht aus einem diskret abgestimmten Austausch von Begegnungssignalen, deren Geben und Empfangen bei den Beteiligten ein Gefühl der Sinnhaftigkeit hervorruft. Diese Erfahrung trifft auch auf vergleichbare Kommunikationsbedingungen in der Therapie zu.

Bei der dialogischen Kommunikation ist besonders der Austausch von *nichtverbalen Signalen* (z. B. des Blickkontaktes, der Mimik, der Gestik oder stimmlichen Lautgebung) von Bedeutung. Dabei sollte der Therapeut darauf achten, daß er seine Kommunikationssignale mit denen des Klienten harmonisiert, damit der Klient das Gefühl eines kommunikativen Miteinanders hat; ein nicht aufeinander abgestimmtes kommunikatives Verhalten würde dieses Gefühl nicht hervorrufen und u. U. zu einer Störung oder Verweigerung wichtiger zwischenmenschlicher Lernerfahrung führen.

6.1.2.2 Strategien zur generellen Förderung von Selbstheilungsprozessen (B-Strategien)

Im Strategienkonzept der klientenzentrierten Spiel- und Familientherapie wird zwischen *generellen* und *speziellen* Förderungsmaßnahmen unterschieden. Beide Maßnahmenarten dienen dazu, das Selbstheilungsverhalten des Klienten zu fördern und stehen in einem schrittweisen Abfolgeverhältnis. Danach sollte so verfahren werden, daß der Therapeut zuerst durch generelle Maßnahmen das Selbstheilungsverhalten des Klienten fördert und erst dann spezielle Maßnahmen einsetzt, wenn der Klient dies wünscht oder wenn es die Situation erfordert.

Der Einsatz der generellen Maßnahmen (genannt: B-Strategien) muß also mit dem Einsatz der speziellen Maßnahmen (genannt: C-Strategien) abgestimmt werden. Dabei sollten die generellen Maßnahmen vorrangig zur *Markierung* und zum erkennenden und bewußtmachenden *Bedeutungsverstehen* der heilungsfördernden und -hindernden Handlungsprozesse des Klienten eingesetzt werden, sowie zur *Regelung der räumlichen Nähe* zwischen dem Klienten und Therapeuten und den Mitklienten im Rahmen einer Familien- oder Gruppentherapie.

Eine empirische Untersuchung des Strategieneinsatzes in der *Spieltherapie* hat gezeigt (s. Schmidtchen 1978a, S. 203 ff.), daß die A-, B- und C-Strategien bei einer erfolgreich durchgeführten Spieltherapie im Verhältnis von 1:2:1 eingesetzt wurden und in einer weniger erfolgreichen Therapie im Verhältnis 1:2:2. Es scheint so zu sein, daß die B-Strategien im klientenzentrierten Therapieansatz prozentual häufiger angewendet werden, als die A- und C-Strategien und daß sich dieser Befund nicht nur auf die Spieltherapie, sondern auch auf die Familientherapie beziehen dürfte.

Im folgenden sollen die Einzelstrategien näher spezifiziert werden.

Strategie B 1: Markierung von heilungsfördernden und -hindernden Prozessen

Alle Verhaltensweisen, die der Klient unternimmt oder unterläßt, um heilungsfördernde Veränderungen in seinen Handlungsmustern zu erlernen, sollten vom Therapeuten erkannt und verbal oder nichtverbal gekennzeichnet werden. Die *Markierung* wird zu dem Zwecke unternommen, um dem Klienten eine orientierende Hilfe bei der Gestaltung seines Selbstheilungsverhaltens zu geben. Die Hilfe kann in Form einer *intensiven Aufmerksamkeitszuwendung* zu wichtigen Komponenten des Heilungsverhaltens gegeben werden, in *verbalen Kommentaren* oder in *verstärkenden Reaktionen*. Wichtig ist, daß die Kennzeichnung des Selbstheilungsverhaltens möglichst reaktiv vorgenommen wird, also nicht vor Beginn der Handlung des Klienten. Sie sollte erst dann geschehen, wenn der Klient selbständig die Komponenten eines heilungsfördernden oder -hindernden Verhaltens gefunden hat.

Die Therapiestrategie der Markierung hat gewisse Ähnlichkeiten mit der verhaltenstherapeutischen Strategie der *Verstärkung*. Wie die Verstärkung soll die Markierung dazu dienen, dem Klienten Hinweise zur Gestaltung seines heilungsfördernden Verhaltens zu geben. Im Gegensatz zum Verstärkungskonzept wird aber davon ausgegangen, daß das Markierungsverhalten nicht durch respondente oder operante Konditionierungsprozesse lernwirksam ist, sondern durch *Einsichtsprozesse*. Es soll den emotional-kognitiven Prozeß der Handlungsorganisation unterstützen.

Strategie B 2: Bemühen um ein Bedeutungs-Verstehen heilungswichtiger Klientenerfahrungen (Empathie 1)

Das Verstehen und Bewußtmachen des *Bedeutungsgehaltes* der vom Klienten gemachten Heilungserfahrungen gehört zu den Kernstrategien des klientenzentrierten Therapieansatzes (s. die Globalstrategie 6 auf Seite 92). Es drückt sich im *Empathie-Konzept* aus, das Rogers (1965, S. 99) wie folgt charakterisiert hat:

„Die wesentliche Bedingung für Veränderungen des Klienten ist, daß der Therapeut ein genaues empathisches Verständnis der privaten Welt des Klienten erfährt. Empathie bedeutet dabei, die innere Welt der privaten persönlichen Ereignisse des Klienten so zu sehen, als ob es die eigene wäre, wobei die Als-ob-Qualität nicht verloren gehen darf (...).

Wenn die innere Welt des Klienten dem Therapeuten verständlich ist und wenn er sich in ihr frei bewegen kann, dann kann er dem Klienten sowohl

Verständnis über Dinge mitteilen, die diesem bereits bekannt sind, als auch über Dinge, die der Klient noch nicht sieht. Diese Form der hochsensiblen Einfühlung erscheint uns wesentlich für therapeutische Veränderungen zu sein."

Das Rogersche Empathie-Konzept habe ich in zwei generelle Strategien aufgeteilt; in die Strategie: Empathie 1 und in die Strategie: Empathie 2. Im Rahmen der Strategie *Empathie 1* soll der Therapeut erlebnismäßig und gedanklich den Bedeutungsgehalt wichtiger Klientenerfahrungen erkunden. Er soll sich ein anschauliches und differenziertes Bild von der „privaten Welt" des Klienten machen und versuchen, wichtige Aspekte des Selbst-, Welt- und Beziehungskonzeptes des Klienten zu verstehen. Die Güte dieses Verständnisses kann er dann daran erkennen, ob er sich ein ausführliches Bild (z. B. im Rahmen einer schriftlichen Darstellung) vom Selbst-, Welt- und Beziehungskonzept des Klienten machen kann.

Dieses Bild kann nicht nur in sprachlicher Weise (als Empathie 2) mitgeteilt werden, sondern kann auch in *analoger* (d. h. bildhafter, szenischer oder pantomimischer etc.) Weise. So ist es z. B. möglich, wesentliche Charakteristika des Selbst-, Welt- und Beziehungsbildes des Klienten in Form eines gemalten Bildes, eines Rollenspieles, einer Pantomime oder einer Skulptur darzustellen. Auch in einer Melodie oder einem Musikstück können bestimmte Aspekte der Selbstanteile einer Person ausgedrückt werden.

Um die internen Konzepte des Klienten besser verstehen zu können, empfiehlt es sich, die Hypothesen über wichtige Annahmen des Selbst- und Familienkonzeptes immer wieder in der Interaktion mit dem Klienten zu validieren; dazu muß sich der Therapeut beständig *Rückmeldungen* darüber *einholen*, ob er den Klienten „richtig" verstanden hat.
Leider geschieht diese Rückmeldung – zumindest bei Kindern – selten in sprachlicher Weise, sondern ist aus dem Inhalt und der Art der vom Klienten gegebenen Handlungsantwort auf eine *handelnd gestellte „Frage"* des Therapeuten (z. B. in Form einer bestimmten Gestaltung einer Mitspieler-Rolle) zu erschließen. In der Interaktion mit erwachsenen Klienten kann die Validierung der vom Therapeuten entwickelten Bedeutungsannahmen jedoch durch verbale Fragen geschehen; sie kann jedoch auch in einem handelnden Frage-Antwort-Geschehen stattfinden.

Strategie B 3: Bewußtmachende Reflexion heilungswichtiger Klientenerfahrungen (Empathie 2)

In der Strategie *Empathie 2* wird das erfahrene Bedeutungsgeschehen dem Klienten *verbal zurückgespiegelt.* Dies geschieht mit dem Ziel, dem Klienten heilungswichtige Komponenten seines Selbst-, Welt- und Beziehungsbildes bewußtzumachen. *Diese Bewußtmachung* soll eine weitere Klärung und Differenzierung des Selbst- und Familienkonzeptes ermöglichen und die Handlungskompetenz erhöhen.

Da sich das heilungsfördernde Verhalten jedoch nicht nur auf die Erweiterung des internen Selbst- und Familienkonzeptes, sondern auch auf die Verbesserung der Fähigkeiten zur Bewältigung von psychischen Problemen bezieht, sollen nicht nur die Selbst- und Familienkonzeptannahmen, sondern auch die Problemlösungsverhaltensweisen verbal zurückgespiegelt werden.

Die Strategie der *Reflexion des Problemlösungsverhaltens* hat sich in vielen Untersuchungen zur Spieltherapie als veränderungswirksam erwiesen. Sie korreliert signifikant mit dem Abbau von Verhaltensstörungen (s. Schmidtchen 1978a; Schmidtchen und Engbarth 1986; Hennies 1988).

Strategie B 4: Regulierung der räumlichen Nähe

Die Regulierung der räumlichen Nähe bezieht sich auf die *Beeinflussung des körperlichen Abstandes* zwischen Therapeut und Klient und zwischen den Mitklienten im Rahmen einer Familientherapie oder Gruppen-Spieltherapie. Die räumliche Distanz wird zu dem Zwecke variiert, daß der Klient einen *angemessenen privaten Raum* für das Suchen und Zeigen von heilungsfördernden Handlungen und für sein Autonomieerleben finden kann. Die Größe des erforderlichen Raumes (und damit des Abstandes zum Therapeuten oder Mitklienten) ist von der jeweiligen Befindlichkeit des Klienten und seinen Autonomiebedürfnissen abhängig. Sie wird nichtverbal durch *Zu- oder Abwendung des Körpers* geregelt; dabei kann ein Hinwenden eine verbindende und ein Abwenden eine trennende Funktion haben.

Die Herstellung einer *größeren Distanz* zwischen dem Klienten und Therapeuten (oder den Mitklienten) kann jedoch auch eine heilungsfördernde Wirkung haben, weil damit dem Klienten eine Rückzugsmöglichkeit aus einer belastenden Situation oder ein größerer „privater Raum" gegeben wird.

In der Familientherapie kann es zuweilen sinnvoll sein, daß der Therapeut Familienmitglieder bittet, sich in einen anderen Abstand zu einer bestimmten

Person oder Personengruppe zu setzen, so daß mögliche Koalitionen oder Triangulationen räumlich unterbunden werden. Damit kann eine neue Psychodynamik zwischen den betroffenen Personen entstehen, die sich z. b. darin ausdrücken kann, daß ein Ehepaar, zwischen dem bisher immer ein das Streitverhalten verhinderndes Kind saß, massiv zu streiten beginnt und daß das jetzt abseits sitzende Kind plötzlich „lebendig" und eigenständig wird, weil es sich nicht mehr durch die unterschwelligen Aggressionen der Eltern und deren Angst vor offenem Streit gelähmt fühlt.

6.1.2.3 Strategien zur speziellen Förderung von Selbstheilungsprozessen (C-Strategien)

Die Strategien zur *speziellen* Förderung von Selbstheilungsprozessen sollen immer dann zum Einsatz kommen, wenn die generellen Hilfen (B-Strategien) keinen durchschlagenden heilungsfördernden Effekt erbracht haben. Dann müssen gezielte Hilfen gegeben werden.

Die Notwendigkeit gezielter Hilfen ergibt sich auch aus der doppelten Zielsetzung der Spiel- und Familientherapie; es sollen nämlich *Wachstumsprozesse* im Sinne einer zunehmend verbesserten Bedürfnisbefriedigung (bzw. Selbstverwirklichung) gefördert werden und *Störungskorrekturprozesse.* Obwohl angenommen wird, daß beide Zielsetzungen häufig allein durch den Einsatz genereller Förderungsstrategien zu erreichen sind, ist zuweilen auch der Einsatz *spezieller Förderungsmaßnahmen* erforderlich. Dies gilt besonders für den Fall, in dem das Durchführen gestörter Verhaltensweisen unterbunden und das Erlernen gesunder Verhaltensweisen gezielt gefördert werden soll. – Die spezielle Hilfe sollte immer dann gegeben werden, wenn die Störungsproblematik die Selbstheilungsfähigkeiten des Klienten überfordert.

Im folgenden sollen die einzelnen C-Strategien näher spezifiziert werden; es handelt sich um die Strategien: *Vorschläge oder Anweisungen* für ein heilungsförderndes Verhalten; *Verhinderung* eines gestörten Verhaltens; Zeigen eines *Modellverhaltens*; *Bedeutungsumformung* unangenehmer Erfahrungen und Hilfe durch *körperbezogene Interventionen.*

Strategie C1: Vorschläge oder Anweisungen

In den folgenden Strategien C1–C5 werden *direktive Hilfen* zur Stimulierung eines heilungsfördernden und zur Vermeidung eines heilungshindernden Verhaltens gegeben. Diese Hilfen sind im allgemeinen nicht typisch für eine klientenzentrierte Therapie, weil sie bei einem unangemessenen Einsatz das Selbstheilungsbemühen des

Klienten behindern. Sie sollten deshalb erst dann gegeben werden, wenn die Selbstheilungsbemühungen des Klienten erschöpft und die Therapeuten hinreichend kompetent sind.

Durch die Anwendung der C-Strategien soll es möglich gemacht werden, auch Kindern und Familien mit geringer Heilungskompetenz durch eine klientenzentrierte Therapie zu helfen.

Die Strategie C1 bezieht sich auf *Vorschläge oder Anweisungen,* die der Therapeut dem Klienten oder den Mitklienten (der Familientherapie oder Gruppentherapie) gibt, um ein heilungsförderndes Verhalten zu stimulieren oder ein heilungshinderndes Verhalten zu vermeiden. Die Vorschläge oder Anweisungen sollten immer erst dann gegeben werden, wenn der Klient oder seine Mitklienten keine eigenständigen heilungsfördernden Handlungen gefunden haben und wenn *Not- und Krisensituationen* den Einsatz dieser Strategie erfordern.

Die Empfehlung zu einem sehr zurückhaltenden Einsatz dieser Maßnahmen ergibt sich aus dem Lernkonzept der klientenzentrierten Therapie (s. S. 90ff). Dieses Konzept besagt, daß dem Klienten ein *selbsterfahrendes Lernen* ermöglicht werden sollte, weil ihm dieses am ehesten den Bedeutungsgehalt und die Eigenverantwortlichkeit seines Handelns verdeutlichen kann.

Die Vorschläge und Anweisungen können sich nicht nur auf eine Stimulierung von heilungsfördernden ökologischen oder psychologischen Bedingungen beziehen, sondern auch auf eine *Vermeidung von heilungshinderndem Verhalten.* Die verbale Verhinderungsstrategie wird in der Spieltherapie-Literatur auch *Grenzsetzungsverhalten* (s. Ginott 1966, Axline 1972; Schmidtchen 1989a) genannt und betrifft im wesentlichen therapeutische Maßnahmen zum Schutze der Therapieklienten und des Therapeuten, zum Schutze des Mobiliars und Spielzeugs und zur Gewährleistung eines reibungslosen Therapiegeschehens (z.B. pünktlicher Therapiebeginn; Einhaltung von Verabredungen etc.). Von großer Bedeutung sind auch Grenzsetzungen zur Verhinderung massiv belastender familiärer Transaktionen, z.B. Kindesvernachlässigungen, Kindesmißhandlungen, Gewalttätigkeiten, Alkohol- oder Drogenmißbrauch etc.

Da man in der Praxis davon ausgehen kann, daß der Klient nicht alle Vorschläge oder Anweisungen des Therapeuten zur Eindämmung der problematischen Verhaltensweisen berücksichtigen wird, muß man sich überlegen, wie der Therapeut im Falle von Grenzüberschreitungsverhalten reagieren kann. Dazu hat Ginott (1966, S. 121) folgende Empfehlungen gegeben; sie beziehen sich im wesentlichen auf das Klientenverhalten in der Spieltherapie:

1. Der Therapeut soll die Gefühle und Interessen des Klienten reflektieren und ihn auffordern, sie auszusprechen, anstatt sie in unangemessenen Handlungen auszudrücken.

2. Der Therapeut soll dem Klienten bereits in der Entwicklung der Handlungsplanung die Grenzen eines bestimmten Tuns aufzeigen.
3. Der Therapeut soll dem Klienten andere Wege zeigen, durch die er seine unangemessenen Gefühle und Interessen ausdrücken kann.
4. Der Therapeut soll dem Klienten helfen, Abwehrgefühle auszudrücken, die dann auftreten können, wenn der Klient die therapeutische Grenzsetzung als Einschränkung erlebt.

Eine weitere brauchbare Möglichkeit, mit grenzüberschreitendem Verhalten (z. B. aggressiven Strebungen) umzugehen, besteht in der Empfehlung, das unangemessene Verhalten in symbolischer Form auf einer „als-ob-Realitätsebene" (z. B. als Gedankenspiel oder symbolische Ersatzhandlung, z. B. Schlagen eines Kissens) auszuführen.

Generell gilt für das Zeigen eines unangemessenen Verhaltens, daß der Klient die Konsequenzen dieses Verhaltens erfahren muß; d. h., daß ihm der Therapeut und/oder die Mitklienten deutlich machen müssen, in welcher Weise sie durch das unangemessene Verhalten des Klienten belastet worden sind. Zeigt es sich dabei, daß diese Rückmeldungen keine Wirkungen auf den Klienten hat, so sollte man u. U. das gestörte Verhalten verhindern.

Strategie C2: Verhinderung eines gestörten Verhaltens (Grenzsetzung)

In den folgenden beiden Strategien C2 und C3 werden Maßnahmen angesprochen, die sich auf aktionale Handlungen des Therapeuten beziehen. Es wird nicht mehr allein geredet, sondern konkret etwas getan. Dieses *konkrete Tun* soll sich auf eine *Verhinderung eines gestörten Verhaltens* oder auf eine *Demonstration des gewünschten Verhaltens* beziehen.

Die *Verhinderung eines gestörten Verhaltens* durch eine aktionale Intervention geschieht am häufigsten im Rahmen einer *Spieltherapie,* d. h. bei der Einflußnahme auf Kinder. Sie kann aus einem Wegnehmen eines Spielzeugs bestehen, daß der Klient auf einen Mitklienten zu werfen droht; in einem Festhalten einer schlagenden Hand; in einem Abnehmen eines gestohlenen Spielzeugs; in einem Abschließen des Therapieraums, um zu vermeiden, daß der Klient trotz mehrfacher Verbote das Spielzimmer verläßt, um störend auf dem Flur herumzulaufen etc.

Im *Familientherapie-Setting* sind ähnliche Einflußnahmen unüblich, da Erwachsene im Therapiesetting nicht so häufig wie Kinder Rangeleien oder Zerstörereien etc. durchführen und da der Therapeut bei Erwachsenen weniger bereit ist, sich in handgreiflicher Weise um die

Verhinderung von gestörten Verhaltensweisen zu bemühen. Dennoch gibt es auch hier denkbare Situationen (z. B. bei der Ausdehnung der familientherapeutischen Arbeit auf die natürliche Lebensumgebung), in denen der Therapeut z. B. einen Vater daran hindern kann, sein Kind zu schlagen oder in der er einer tablettenabhängigen Frau die gehorteten Medikamente wegnimmt.

Strategie C3: Zeigen eines Modellverhaltens

Gelingt es dem Klienten trotz intensiver therapeutischer Hilfe nicht, das gewünschte Zielverhalten selbst zu finden, dann ist es möglich, daß es ihm die Mitklienten oder der Therapeut zeigen. Dieses *vorgeführte Verhalten* sollte für den Klienten jedoch nur einen informierenden und vorschlagenden Charakter haben, damit sich der Klient bewußt wird, daß er letztlich selbst entscheiden muß, welche Komponenten des Modellverhaltens er übernehmen will. Es wird also auch beim Einsatz dieser Therapeutenstrategie der Grundsatz beibehalten, daß der Klient selbst für die Auswahl und Durchführung seines Verhaltens verantwortlich ist und daß der Therapeut und die Mitklienten höchstens eine beratende bzw. demonstrierende Funktion bei der Suche eines heilungsfördernden Verhaltens haben.

Es ist evident, daß das Modellverhalten in der *Einzel-Spieltherapie* nur vom Therapeuten gezeigt werden kann. Er tut dies im wesentlichen im Rahmen seines *Mitspielverhaltens,* indem er seine Mitspielerrolle so gestaltet, daß er dem Klienten auf der Spielebene Verhaltensvorschläge macht. Der Therapeut interveniert also auf der Spielebene durch eine gezielt eingesetzte Mitspieltätigkeit.

Auch in der *Familientherapie* kann das Modellverhalten auf der Spielebene gezeigt werden, indem beispielsweise die Familienmitglieder in einem problemorientierten Rollenspiel Verhaltensalternativen zum gestörten Handeln suchen. Dabei kann z. B. ein Kind durch einen Rollentausch die Rolle einer Mutter oder eines Vaters spielen und den Eltern zeigen, wie es sich ein heilungsförderndes mütterliches oder väterliches Handeln vorstellt (s. a. S. 127).

Aber auch außerhalb seiner Interventionstätigkeit hat der Therapeut eine Vorbildfunktion für den Klienten. Sie betrifft sein Verhalten im Umgang mit den organisatorischen, verwaltungstechnischen, finanziellen etc. Rahmenbedingungen der Therapie. Hier sollte gelten, daß der Therapeut sich so verhält, wie er sich das Handeln des Klienten wünscht.

Strategie C4: Bedeutungsumformung unangenehmer Erfahrungen

Wie aus der klientenzentrierten Verhaltenstheorie ersichtlich ist (s. Kap. 4.1.1.2), hat die *Wahrnehmungsinterpretation* und emotionale und kognitive *Verhaltensbewertung* einen hohen Stellenwert in der Organisation des Verhaltens, denn sie wirkt sich auf den *Bedeutungsgehalt* aus, der das Handeln steuert. Dieser Bedeutungsgehalt ergibt sich überwiegend aus der Wechselwirkung von gefühlsmäßigen und gedanklichen Komponenten, und sein verstehender und bewußtmachender Nachvollzug durch den Therapeuten ist eine wichtige Strategie des klientenzentrierten *Empathie-Konzeptes* (s. die Strategien B2 und B3).

In der Strategie C4 soll nun ein weiterer Aspekt des Empathiekonzeptes herausgestellt werden, nämlich die *Bedeutungsumformung unangenehmer Erfahrungen.* Unangenehme Erfahrungen lassen sich so definieren, daß sie sich aus emotional negativ bewerteten Verhaltensaspekten zusammensetzen, die wegen ihres negativen Charakters ein phobisches Vermeidungsverhalten oder ein aggressives Verhalten bewirken können. Es ist deshalb von großem Nutzen, wenn es dem Klienten gelingt, unangenehme Erfahrungen so zu verarbeiten, daß aus ihnen auch heilungsfördernde Handlungsweisen entstehen können. Dabei will ihm der Therapeut durch die Strategie der Bedeutungsumformung helfen.

Die Strategie C4 geht auf das *Reframing-Konzept* von Bandler und Grinder (1981, S. 193; Schmidtchen 1989a, S. 109f.) zurück. Sie besteht darin, daß der Klient aufgefordert wird, in der Phantasie oder im Spiel Situationen darzustellen, in denen die unangenehmen Erfahrungen im Rahmen eines Handlungsszenariums abgebildet werden. Dabei sollte das Szenarium gefühlsmäßig und gedanklich sehr lebendig und intensiv entwickelt werden, so daß die verschiedenen Handlungskomponenten, insbesondere die unangenehm wirkenden, erfahren werden. Wichtig ist dabei auch, daß der Klient die Konsequenzen seines Verhaltens im Szenarium darstellt und erfahrungsmäßig empfindet.

In einem zweiten Schritt bittet der Therapeut den Klienten, sich zu überlegen, an welche Wunscherfahrungen er durch seine unangenehmen Bewertungen gehindert wird und in einem dritten Schritt wird der Klient gebeten, sich auch die Wunscherfahrungen als sehr intensive Szene vorzustellen oder in eine Spielhandlung umzusetzen. In einem vierten Schritt soll der Klient dann ausprobieren, wie er die ursprüngliche Handlungskette mit den unangenehmen Bewertungen so ändern kann, daß positive Bewertungen möglich sind.

Im letzten Schritt wird der Klient gebeten, das neue Handlungsmuster in der *außertherapeutischen Realität* auszuprobieren; dabei soll er darauf achten, seine Bewertungen stärker an seinen Wunscherfahrungen zu orientieren und weniger an der ursprünglichen Verhaltensabsicht. Es findet also eine *emotional-kognitive Umstrukturierung* der Handlungsplanung von einer emotional negativbewerteten zu einer positiv-bewerteten Handlungsfolge statt.

Die Strategie der Bedeutungsumformung unangenehmer Erfahrungen soll beim Klienten den Erwerb von konstruktiven Handlungsmustern ermöglichen; sie setzt eine große Bereitschaft zur Mitarbeit voraus und ist dann anzuwenden, wenn der Klient in seinen eigenen Heilungsbemühungen nicht mehr weiterkommt oder wenn starke unangenehme Gefühle (wie z. B. Angst) zu Vermeidungs- oder anderen Angstabwehrprozessen führen (s. Elhardt 1988; Schmidtchen 1989 a).

Strategie C 5: Hilfe durch körperbezogene Interventionen

Da eine Einheit zwischen Seele, Geist und Körper besteht, drücken sich Wachstums- oder Verhaltensstörungen immer auch im Körper aus. Sie können sich u. a. in Eßstörungen, Atemstörungen, Muskelverspannungen, Hautproblemen, Herz-Kreislauf-Störungen, Magen-Darm-Störungen etc. manifestieren.

Außerdem erleben wir an und in unserem Körper die Wirkungen unserer Gefühle und Bedürfnisse. Nach Freundlich (1977, S. 361) ist der Körper „... ein Medium für den Ausdruck von Gefühlen, für die Befreiung von Spannungen durch Ausagieren und für die Abwehr von Gefühlen durch Muskelpanzerungen. Der Körper ist daran beteiligt, wenn Gefühle vom Bewußtsein weg in physische (durch Somatisierung) und funktionelle Ventile (durch Konversion) abgelenkt werden sollen".

Aus diesen Gründen ist die Arbeit am und mit dem Körper ein wichtiger Bestandteil der klientenzentrierten Spiel- und Familientherapie. Im Gegensatz zu einer speziellen Körpertherapie (s. Schmidtchen 1989 a), wird sie in der Spiel- und Familientherapie aber nur mittelbar im Rahmen von Spielhandlungen oder Fokussierungs- und Visualisierungsübungen vorgenommen, üblich sind auch Empfehlungen zum eigenständigen Umgang mit dem Körper.

Die körperbezogenen Interventionen beziehen sich im wesentlichen auf Atmungs- und Entspannungshilfen; auf eine Bewegungsberatung (z. B. sportlicher Art); auf eine Ernährungsberatung und auf eine erlebnismäßige körperliche Fokussierung von Affekten (s. Gendlin 1981). Die körperbezogenen Hilfen sollten dann gegeben werden, wenn der Klient durch starke Spannungen oder andere belastende körperliche Reaktionen (z. B. Erröten, Zittern, psychisch bedingte Lähmungen, plötzliches Einnässen oder Einkoten etc.) am Zeigen und Erleben eines heilungsfördernden Verhaltens gehindert wird.

Die körperliche Hilfe sollte *sehr behutsam* und immer in Verbindung mit Gefühls- und Kognitionsprozessen gegeben werden. Sie sollte nicht trainingshaft durchgeführt werden. Freundlich (1977, S. 361) empfiehlt, den emotionalen Ausdruck dadurch zu fördern, daß im Verlauf von Spiel-, Gesprächs-, Interaktions- oder Visualisierungshandlungen etc. Nachdruck auf die Ein- und Ausatmungsprozesse, die Stimme (und stimmliche Lautmalung) und die körperliche Bewegung gelegt wird. Eine Hilfe besteht auch darin, entgegengesetzte Bewegungsmuster (Polaritäten) zu aktivieren; durch Berührungen oder Handauflegen Körperregionen zu erwärmen oder zu entspannen, oder durch Festhalten Gefühls- und Handlungsprozesse zu unterstützen oder abzubrechen (s. a. die Strategie C2).

Weitere Hilfen sind den umfangreichen Strategieangeboten aus der Körpertherapie für Kinder (s. Schmidtchen 1989a, S. 201) oder der für Erwachsene zu entnehmen (s. Petzold 1977).

6.2 Besonderheiten des Therapeutenverhaltens in der Spieltherapie

Im folgenden Kapitel sollen einige Spezifika des Therapeutenverhaltens und der therapeutischen Rahmenbedingungen für das Anwendungssetting der Einzel- und Gruppen-Spieltherapie vorgestellt werden. Es folgen dann im Kapitel 6.3 Spezifika für die Familientherapie. Begonnen werden soll mit der Einzel-Spieltherapie.

6.2.1 Therapeutenverhalten in der Einzel-Spieltherapie

Die Spieltherapie unterscheidet sich wegen des hohen Stellenwertes der *spielzentrierten Kommunikation* – sie nimmt fast 95% der zur Verfügung stehenden Zeit ein (s. Kap. 2) – von fast allen bekannten Therapieformen für Erwachsene und Kinder, denn diese sind vorwiegend verbalzentriert, mit oder ohne eingeschlossene Verhaltens- oder Körperübungen.

Aus diesen Gründen sind neben den bereits im Kapitel 2 zum Spiel gemachten Aussagen einige *Hinweise zur psychotherapeutischen Verwendung des Spiels* zu geben. Sie beziehen sich auf Hinweise zur Gestaltung des Spielzimmers und Spielzeugs; zum Angebot eines freien und geschützten Spiels; zur Art der Mitspieltätigkeit des Therapeuten und zur Art des Intervenierens auf der Spiel- und Realitätsebene.

6.2.1.1 Gestaltung des Spielzimmers und Spielzeugs

Um die Wachstums- und Problembewältigungsfähigkeiten des Kindes angemessen zu stimulieren und zu fördern, müssen Spielsachen zur realen oder symbolischen *Befriedigung der verschiedenen Bedürfnisse* von Kindern angeboten werden und zur *Bewältigung der kindlichen Probleme.* Die Spielzeugauswahl muß berücksichtigen, daß das Kind im Rahmen seiner Spieltätigkeit u. a. folgende Bedürfnisse befriedigen kann (s. a. S. 20 ff): orale und senso-motorische Bedürfnisse; Bedürfnisse nach Sicherheit und Ordnung; Bedürfnisse nach Empathie, Bindung und Liebe; nach Wertschätzung und Eigenständigkeit; nach Leistung und Ich-Wirksamkeit; nach der Entwicklung von Selbst- und Familienkonzeptannahmen und nach metaphysischer Erfahrung.

Um das Problembewältigungsverhalten zu fördern, sollten Spielsachen zur Simulation aller möglichen Problemsituationen, denen Kinder ausgesetzt sein können, vorhanden sein. Da jedoch durch eine phantasiemäßige Benutzung von vielseitig verwendbaren Spielsachen wie z. B. Bauklötzen, fast jede Situation symbolisch nachgebaut werden kann, sind realitätsgerechte Simulationsspielzeuge nicht für jede Situation erforderlich.

Als weiteres *Auswahlkriterium für Spielsachen* können die Ratschläge des Arbeitsausschusses „Spiel-gut: gutes Spielzeug von A – Z" (1985; Ulm, Heimstr. 13) dienen, die folgendes empfehlen:

Die Eigenarten des Kindes (Alter, Entwicklungsstand, bisherige Erfahrungen) sind bei der Auswahl von großer Bedeutung. Das Spielzeug sollte zum Kind und zu seinem bisherigen Spielsortiment ‚passen'; es sollte ihm entwicklungsfördernde Erfahrungen ermöglichen und das, was es in seiner Umgebung erfährt, erhellend aufgreifen und ergänzen. Das Spielzeug sollte vielseitig verwendbar und ausbaufähig sein und der Phantasie der Kinder viel Raum und Entfaltungsmöglichkeit lassen.

Es muß nicht immer teures Spielzeug sein, mit dem gespielt wird, sondern kann auch ganz einfaches „Zeug zum Spielen" sein. Wenn aber kommerzielles Spielzeug gewählt wird, so sollte es hinsichtlich Material und Verarbeitung, Konstruktion und Mechanik, Haltbarkeit und Dauerhaftigkeit den Anforderungen eines normalen Umganges von Kindern genügen. Neben der Sicherheit sollten auch ästhetische Gesichtspunkte (Gestaltung, Form, Farbe) berücksichtigt werden.

Um die *Ausstattung eines Spieltherapiezimmers* mit Spielsachen zu erleichtern, möchte ich im folgenden einige Anregungen zur Anschaffung von Spielsachen geben (s. a. Schmidtchen u. a. 1977, S. 212):

Sandkiste mit Sandspielzeug; fließendes *Wasser* mit großem Waschbecken und Wasserspielzeug; eine *Kochecke* mit Kinderkocher und diversem Koch-

110

und Eßgeschirr nebst Lebensmitteln; *Puppenspielzeug* mit Kinderbett, Puppenwagen, Nuckelflasche, Kleidung etc.; ein *Spielzeughaus* mit unterschiedlichen Räumen und Spielzeugmöbeln und Familienmitglieds-Puppen; ein *Spielzeugtrecker*, Go-Cart oder ähnliches; ein *kleiner Tisch* zum Malen und zu Tonarbeiten (Malutensilien, Ton und Knetgummi); eine *Kleiderkiste* mit alten Kleidern, mit denen sich Kinder verkleiden können; *Körperfarbe* zum bunten Anmalen; *Schränke* und *Kommoden* für *Rhythmus-* und einfache *Musikinstrumente* (z.B. Xylophon, Trommel, Flöte etc.); *Bauklötze* aus Holz und Lego; kleine *Spielzeugautos*, Spielzeugtiere etc.; *Bälle* aller Größen aus möglichst weichem Material; *Tischtennisschläger* und -bälle; ein *Kegelspiel*; ein *Tischfußballspiel;* ein *Kaspertheater* nebst zahlreichen Kasperpuppen; ein *Kaufmannsladen*; eine *Wandtafel* mit Kreide; *Gesellschaftsspiele* (z.B. Scrabble, Denk-fix, Mensch ärgere Dich nicht etc.); *Decken* zum Bauen von Höhlen; *Schaumgummielemente* zum Bauen von Kuschelecken und zur Konstruktion von kleinen Häusern; verschiedene *Babypuppen*; verschiedene Tiere als *Plüschtiere*; eine kleine *Werkecke* mit Hammer, Nägeln und Werkmaterial; *Pistolen* zum Spielen aggressiver Spiele (jedoch keine Gewehre mit Pfeilen und keine Wurfgeschosse) etc.

Alles Spielmaterial sollte für die Kinder leicht erreichbar angeboten und in verschließbaren Regalen und Schränken aufbewahrt werden; diese sollten zu Beginn der Spielstunde geöffnet werden, damit die Kinder die Möglichkeit einer freien Spielwahl haben. Bei Kampf- oder grobmotorischen Spielen können die Regale und Schränke geschlossen werden, damit kein Spielzeug zerstört wird.

Wichtig ist des weiteren, daß das Spielmaterial möglichst immer am gleichen Ort steht und daß beschädigtes Material möglichst schnell repariert oder entfernt wird, so daß die Kinder nicht permanent durch beschädigtes oder unvollständiges Spielzeug enttäuscht werden.

Axline (1972, S. 58) weist darauf hin, daß das Spielzimmer nach einer Spielstunde *immer aufgeräumt* werden sollte, damit die vom Kind hinterlassenen Spielsachen keinen Suggestivcharakter für das Nachfolgekind bekommen und dessen freie Spielwahl einschränken. So sollte die Sandkiste niemals in einem chaotischen Zustand für das nächste Kind hinterlassen werden; Farben und Ton sollten immer sauber sein; die Babyflasche sollte gereinigt werden; der Boden sollte gefegt sein etc.

Da die Spielsachen für einen Spieltherapeuten eine gleichgroße Bedeutung haben wie z.B. Handwerkzeuge für einen Handwerker, sollten sie mit großer Sorgfalt gepflegt werden. Der Therapeut sollte persönlich nach einer jeden Therapiestunde dafür sorgen, daß das Spielzimmer und Spielzeug wieder in einen optimalen Zustand gebracht wird. Der Spieltherapeut sollte sich bewußt sein, daß das Spielzimmer und das Spielzeug sein therapeutisches „Arbeitsgerät" ist.

Bezüglich der *Größe des Spielzimmers* sollte man darauf achten, daß Sandkiste, Puppenhaus, Kochecke, Tisch etc. genügend Platz bekommen und daß auch ein hinreichend großer Bewegungsraum vorhanden ist. Daraus folgt, daß ein Spieltherapiezimmer für die Einzeltherapie mindestens ca. 20 qm groß sein sollte. Für die Gruppentherapie sollte pro Kind von einem Raumbedarf von ca. 7–10 qm ausgegangen werden (s. Ehlers 1981, S. 54).

6.2.1.2 Angebot eines freien und geschützten Spiels

In der Spieltherapie gilt die *Regel der freien Spielwahl*. Sie schließt die freie Wahl des Spielzeugs, Spielthemas, Spielpartners, Spielwechselzeitpunktes und der Spielzeit ein. Damit hat das Kind die Freiheit, seine spielerische Selbstkommunikation nach den eigenen Bedürfnissen und Zielen zu regulieren. In dieser Regel drückt sich im wesentlichen die therapeutische Unterstützung und Förderung des kindlichen Selbstverwirklichungsstrebens aus. Vergegenwärtigt man sich jedoch kritisch die möglichen Konsequenzen, die sich aus dieser Regel ergeben können, so muß man als Therapeut auch in Kauf nehmen, daß sich das Kind in der Spieltherapie *nicht* immer heilungsfördernd verhält, so daß der Therapieerfolg nicht immer voll gewährleistet ist. Aus diesem Grund ist es sinnvoll, vor Beginn der Spieltherapie Eltern und Kind mit ihren Heilungserwartungen an die Therapie zu konfrontieren und insbesondere dem Kind deutlich zu machen, daß es in der Spieltherapie etwas Heilungsförderndes tun muß, wenn es seine Probleme bewältigen will. Dazu kann der Therapeut dem Kind vor Beginn des ersten Spieltherapiekontaktes z. B. folgende *Empfehlung* geben:

„Wie Du weißt, kommst Du in die Spieltherapie, weil Du zu Hause (und/oder im Kindergarten oder in der Schule) bestimmte Probleme hast. Kannst Du mir einmal ein paar Beispiele für Deine Probleme nennen, damit ich sehen kann, welche Schwierigkeiten Du hast?..."
(Jetzt in Ruhe abwarten, welche Beispiele das Kind bringt. Wenn es Nennungsschwierigkeiten hat, kann der Therapeut in behutsamer Weise Erinnerungsstützen geben. Danach wird die Anweisung wie folgt weiter fortgeführt:)

„... viele dieser Probleme sind wahrscheinlich darauf zurückzuführen, daß Du Dich aus Angst nicht traust, Deine Interessen und Meinungen deutlich zu vertreten oder daß Du nicht genau weißt, wie Du bestimmte Dinge tuen kannst. – Manchmal können die Probleme auch darauf zurückgehen, daß Du einfach keine Lust hast, schwierige Situationen zu meistern. Alle diese Schwierigkeiten kann man überwinden lernen; und zwar am besten im Spiel. Darum solltest Du in der Spieltherapie Spiele spielen, in denen Du problematische Situationen von zuhause (aus dem Kindergarten oder aus der Schule) nachspielst und ausprobierst, wie Du die Probleme lösen kannst."

Sollte es sich zeigen, daß das Kind trotz dieser Empfehlung kein heilungsförderndes Spiel spielt, dann sollte das Schwergewicht der Heilungsarbeit in der Familientherapie stattfinden. Die Spieltherapie kann dann zu einer „Spielstunde" mit überwiegend entspannender und psychohygienischer Funktion werden.

Um sich gegen die Möglichkeit der *Nichtwirksamkeit* einer Spieltherapie abzusichern, möchte ich empfehlen, jeden Kontakt am Ende der Therapiestunde daraufhin zu überprüfen, ob ein heilungsförderndes Lernen stattgefunden hat. Dabei kann sich der Therapeut an der *Skala zur Beurteilung des therapieinternen Selbstheilungsverhaltens* (s. Anhang, S. 154) orientieren. Liegen genügend Hinweise für ein heilungsförderndes Lernen vor, so ist davon auszugehen, daß sich die Verhaltensstörungen im Verlauf der Spieltherapie signifikant verringern. Dies haben empirische Untersuchungen ergeben (s. Schmidtchen und Engbarth 1986; Hennies 1988).

Abschließend möchte ich eine Empfehlung für den Inhalt der Anweisung geben, mit der der Therapeut dem Kind die *Regel der freien Spielwahl* vor Beginn der Spieltherapie erklären kann:

Therapeut zum Klienten: „Du kannst in der Spieltherapie mit allen Spielsachen spielen, die Dir Spaß machen. Du darfst bestimmen, was Du spielen willst, wie lange Du spielen willst und mit wem Du spielen willst. Wenn Du Lust hast, mit mir zu spielen, so frage mich einfach, dann spiele ich mit. Manchmal habe ich vielleicht keine Lust zum Spielen, dann sage ich es Dir und Du mußt darüber nicht ärgerlich oder traurig sein. – Es kann auch vorkommen, daß ich mit Dir ein bestimmtes Spiel spielen will; dann werde ich Dich fragen, ob *Du* dazu Lust hast. Dann mußt Du sehen, was Du willst. Wenn Du nein sagst, dann ist das auch in Ordnung.

Wichtig in der Spieltherapie ist, daß Du nur Spiele spielst, die Dich wirklich interessieren und die Du für wichtig hältst. Im Gegensatz zur Schule bestimmst Du hier, womit Du Dich beschäftigen willst. Du bist hier Dein eigener Chef und ich sehe und höre Dir zu und stelle manchmal einige Fragen; vielleicht mache ich Dir auch Spielvorschläge und helfe Dir bei der Lösung von Problemen. Das tue ich aber nur dann, wenn Du mich darum bittest oder wenn ich sehe, daß Du alleine nicht weiter kommst.

Bevor ich Dich nun bitte, Dir die Spielsachen anzusehen und zu überlegen, womit Du spielen willst, möchte ich Dir noch sagen, daß einige Tätigkeiten verboten sind. Es ist z. B. verboten, Spielzeug mutwillig zu zerstören oder mit nach Hause zu nehmen; außerdem ist es verboten, andere Kinder (im Rahmen von Gruppentherapien) zu beleidigen oder anzugreifen. Auch finde ich es unfair und gemein, wenn Du mich beleidigst oder beschimpfst, ohne daß ich Dir einen Grund dazu gegeben habe. – Wichtig ist es auch, daß Du pünktlich zur Spieltherapie kommst und auch pünktlich Schluß machst. Die Spieltherapie dauert 45 Minuten. 5 Minuten vor Ende der Zeit werde ich Dir Bescheid sagen, damit Du Dir die letzten Minuten richtig einteilen kannst."

Während der Spieltätigkeit sollte der Therapeut die *Spielstimmung und das Spiel des Kindes vor Störungen schützen.* Er sollte dafür sorgen, daß er und das Kind nicht durch andere Personen oder Ereignisse gestört werden; daß er z. B. keine Telefonanrufe erhält oder daß vom Flur oder Fenster her Ablenkungen kommen und daß er selbst *konzentriert und empathie-bereit* in die Spielstunde geht. Insbesondere die persönliche Vorbereitung des Therapeuten in Richtung auf eine offene Einstellung für die inneren Prozesse des Klienten ist von großer Bedeutung, da es dem Kind dann leichter fällt, eine im Tiefenbewußtsein angesiedelte Spielmotivation zu finden; denn je mehr die Tätigkeiten des Kindes von den Interessen des „wahren Selbst" (s. Schmidtchen 1989a, S. 114) bestimmt sind, um so bedeutsamer sind die zu erreichenden Lernerfahrungen. Aus diesem Grund ist das Ausmaß an *bewußtseinsmäßiger Tiefe* (bzw. innerer Präsenz) ein wichtiger Hinweis für die Bedeutsamkeit der beim Klienten stattfindenden Lernprozesse.

6.2.1.3 Art des Mitspielens

Obwohl in älteren Spieltherapiekonzepten (s. Ginott 1966) die Spieltherapeuten angehalten werden, möglichst wenig mitzuspielen, um die Übertragungs- bzw. Projektionsprozesse des Klienten unverfälschter erkennen zu können, bevorzuge ich mit meinen Mitarbeitern, zumindest in Einzel-Spieltherapien, ein häufiges Mitspielen. Der Prozentsatz der *Mitspieltätigkeit* ist von Kind zu Kind verschieden, da das Kind den Therapeuten auffordern muß und der Therapeut sich selbst nur zurückhaltend als Spielpartner anbieten soll; er dürfte aber bei ca. 30% der Spieltätigkeiten des Kindes liegen (s. Schmidtchen 1978a, S. 196f.).

Der Therapeut sollte seine *Mitspieler-Rolle* so gestalten, daß sein Spielverhalten das Selbstheilungsverhalten des Klienten fördert. Die Hilfe sollte darin bestehen, daß die Verhaltensmuster bzw. -schemata, die den Spielhandlungen des Klienten zugrunde liegen, im Sinne der Therapieziele erweitert oder korrigiert werden können. Insofern spielt der Therapeut in der Spieltherapie nicht als Spielkamerad mit, sondern immer als Therapeut. Da auch sein Spiel intrinsisch motiviert sein sollte, ist es für den Therapeuten sehr wichtig, sich vor Beginn der Therapiestunde auf diese Art des Mitspielverhaltens vorzubereiten.

Zuweilen ist es aus Gründen der Förderung eines freundlichen Therapieklimas und einer guten Beziehung sinnvoll, mit dem Klienten ohne spezielle therapeutische Zielsetzung zu spielen. Dazu sollte man Spiele spielen, die zur Entspannung und geistigen Zerstreuung dienen (wie z. B. Ball- oder Gesellschaftsspiele). In diesen Spielen kann sich der Therapeut etwas aus seiner Therapeutenrolle zurückziehen und stärker persönliche Interessen einbringen. Er sollte jedoch immer darauf achten, daß er sich mit seinen persönlichen Interessen nicht zum Zentrum der Kommunikation macht.

In der Gruppen-Spieltherapie sollte der Therapeut erheblich zurückhaltender in seiner Bereitschaft zum Mitspielen sein. Hier sollte das gemeinsame Spiel unter Mitklienten eine größere Bedeutung als das Spiel zwischen Klient und Therapeut haben (s. a. Kap. 6.2.2).

6.2.1.4 Art des Intervenierens auf der Spiel- und Realitätsebene

Aus der Angabe von ca. 30% Mitspieltätigkeit läßt sich in etwa auch der Prozentsatz des Intervenierens im Rahmen einer Spielhandlung, also auf der Als-ob-Realitätsebene, ableiten; er beträgt ebenfalls ca. 30%. Interventionen mit Realitätsbezug hingegen finden in Einzel-Spieltherapien zu ca. 70% statt. Sie beziehen sich auf realitätsbezogene Gedanken, Erlebnisse und Handlungen des Klienten und nicht auf phantasiebezogene Tätigkeiten.

Auch der Hinweis des Therapeuten auf Diskrepanzen zwischen realitäts- und phantasiebezogenen Handlungen, sollte als eine *realitätsbezogene Intervention* verstanden werden. Generell gilt, daß ein Bezug zur Realität immer dann hergestellt wird, wenn der Therapeut bewußtmachend den „Als-ob-Rahmen" der Spieltätigkeit verläßt und statt dessen die realen Lebensbedingungen anspricht (s. Schmidtchen 1978a, S. 195f.).

Interventionen auf der Spielebene bestehen in einer Einflußnahme im „Als-ob-Rahmen" der Spielwirklichkeit; so kann der Therapeut dem Klienten z. B. innerhalb seiner Mitspieltätigkeit Hilfen geben, wie der Klient ein bestimmtes Spielrollenverhalten verbessern kann, um eine problematische Spielsituation besser zu bewältigen. Diese Hilfen sollten aktional in die Mitspielhandlungen eingebaut und nicht metakommunikativ gegeben werden; würde dies geschehen, so läge eine Intervention auf der Realitätsebene vor.

Es ist zu empfehlen, die *Relation* zwischen spiel- und realitätsbezogenen Interventionen bei ca. 30% zu 70% zu belassen, weil eine Verringerung des Realitätsbezuges zu einer Verringerung des Therapieerfolges führen dürfte, und eine Erhöhung des Realitätsbezuges zu einer Gefährdung der Spielfreude und Spieltiefe.

Interessant ist auch, daß die Relation zwischen Spiel- und Realitätsbezug für das Verhalten der Kinder eine andere ist, als für das Verhalten des Therapeuten. Hier liegt fast eine umgekehrte Beziehung der Art vor, daß Kinder in der Spieltherapie zu ca. 60% auf der Spielebene und zu ca. 40% auf der Realitätsebene agieren (s. Schmidtchen 1978a, S. 192f.). In diesem Ergebnis drückt sich die große Bedeutung des Als-ob-Charakters der Spieltätigkeit für die Kinder aus, der aus einer primären Beschäftigung mit sensorischen, motorischen, emotionalen und geistigen Prozessen zur Erprobung und Erweiterung von Handlungsschemata besteht.

6.2.2 Therapeutenverhalten in der Gruppen-Spieltherapie

Für die Gruppen-Spieltherapie gelten im wesentlichen die gleichen strategischen Konzepte wie für die Einzel-Spieltherapie. Ergänzungen gibt es jedoch durch die Möglichkeit der Interaktion zwischen Klient und Mitklienten und der Interaktion zwischen dem Therapeuten und mehreren Klienten; insbesondere die *Interaktion zwischen dem Klienten und seinen Mitklienten* stellt einen wichtigen therapeutischen Faktor dar, denn die Gruppe der Kinder kann einen großen Beitrag zur Beziehungs- und Klimagestaltung und zur Heilungsförderung oder -hemmung leisten.

Dadurch, daß der Therapeut mehreren Interaktionspartnern (maximal 5; s. S. 117) gegenübersteht, müssen seine Interventionen im Prinzip die Interessen aller Klienten berücksichtigen, so daß eine Zentrierung auf die Interessen eines Klienten – wenn überhaupt – nur kurzzeitig möglich ist. Die Gruppe verhindert somit eine andauernde vollständige Empathie für einen bestimmten Klienten wie auch die Vermittlung eines Gefühls von dauerhafter Geborgenheit oder energetischer Stimulierung. In der Gruppen-Spieltherapie müssen die Kinder den Therapeuten mit ihren Mitklienten teilen und in hohem Ausmaß selbständig für ihre Interessen eintreten. Dies bezieht sich nicht nur auf Spielinteressen, sondern auch auf Kommunikations- und Abgrenzungsinteressen.

Andererseits kann ein Klient in der Gruppentherapie von der Solidarität der Gruppenmitglieder profitieren sowie von ihrem Mitgefühl, ihrer Lebendigkeit, ihren Vorbildmöglichkeiten, ihrem Schutz vor ungerechtfertigten Therapeutenforderungen etc. Insbesondere die Möglichkeit zur *Solidarität* zwischen gleichgesinnten und gleichgeschädigten Kindern kann heilungsfördernde Prozesse schaffen, die weit über den Möglichkeiten einer Einzeltherapie liegen; dies gilt insbesondere auch deshalb, weil der Therapeut in seiner Rolle des Gesunden und Erwachsenen nie die gleiche psychologische Nähe zu den seelisch kranken Kindern herstellen kann wie ein Mitklient.

Wegen dieser *Partnerschaft zwischen den Mitklienten* ist die Gruppentherapie ein besonderer Ort für ein geteiltes kindliches Leidens- und Heilungserleben. Sie gibt den gemeinsamen Bemühungen um eine Bewältigung der kindlichen Störungen mehr Raum als die Einzeltherapie und ist bezüglich der Art der gezeigten Probleme und Problemlösungswege, insbesondere der sozialen, realitätsbezogener als die Einzeltherapie.

Der Therapeut muß deshalb darauf achten, daß die *Zusammensetzung der Gruppe* so gestaltet wird, daß ein gemeinsames Heilungsstreben und -helfen eintreten kann und daß die gegenseitigen Behinderungen gering sind. Aus diesem Grunde stellt die Zusammenstellung einer heilungsfördernden Gruppe wahrscheinlich die wichtigste therapeutische Strategie einer Gruppentherapie dar; sie soll im folgenden ausführlich beschrieben werden.

6.2.2.1 Indikation zur Gruppentherapie und Gruppenzusammenstellung

Die Gruppen-Spieltherapie wird im allgemeinen einmal pro Woche durchgeführt, dauert in der Regel 60 Minuten und umfaßt durchschnittlich 25 Kontakte; im Einzelfall aber auch 40 bis 50 Kontakte. Sie sollte in einem Spielzimmer von genügender Größe stattfinden, wobei pro Kind ein Raum von ca. 7 bis 10 qm zur Verfügung stehen sollte. Die Anzahl der Kinder sollte nach Ehlers (1981, S. 53) 4 bis 5 Kinder betragen. Ginott (1966) hat mit Gruppen von bis zu 5 Kindern gearbeitet; Axline (1972) mit Gruppen von 2 bis 8 Kindern; Slavson (1976) mit Gruppen von 5 bis 8 Kindern und meine eigenen Erfahrungen beziehen sich auf eine Gruppengröße von 3 bis 5 Kindern. Ich schließe mich der Meinung von Ehlers an, daß die Größe von Spielgruppen mit einer *psychotherapeutischen Zielsetzung* bei maximal 5 Kindern liegen sollte.

Indiziert ist eine Gruppen-Spieltherapie bei *Störungen des interaktiven Verhaltens* zwischen Kindern; also bei allen Störungen, in denen sich ein Kind in der Interaktion mit anderen Kindern als gehemmt, verängstigt, unterentwickelt, gemieden, minderwertig, andersartig oder sonstwie gestört erlebt. Des weiteren bei Zielsetzungen, die sich aus einer Geschwisterproblematik ergeben; also bei Eifersuchts-, Neid-, Zurücksetzungs-, Unterdrückungs- oder Verzichtsproblemen etc. Da das Leben im Gruppenverband der Gleichaltrigen genauso wichtig ist wie das Leben mit einem oder mehreren Erwachsenen (wie z. B. im Familienverband), stellt die Gruppentherapie neben der Einzel- und Familientherapie ein weiteres natürliches Wachstumsfeld dar. Ihr Aufsuchen ist eigentlich immer sinnvoll, es sei denn, das Kind ist wegen seiner besonderen Schutz- und Bindungsbedürftigkeit an einen Erwachsenen noch nicht „gruppenreif".

Die Gruppen-Spieltherapie verlangt von ihren Klienten ein höheres Ausmaß an *Frustrationstoleranz* und ein häufigeres Verzichten auf die Zuwendung des Therapeuten als die Einzeltherapie und sollte Kindern nicht zugemutet werden, die sich im Rahmen von Gruppen noch nicht selbständig beruhigen und Zuwendung holen können.

Leider ist es selten vorherzusagen, für welche Kinder welche Gruppenzusammensetzung ein Streß ist, so daß vor Beginn einer jeden Gruppentherapie mit den vorgesehenen Gruppenklienten einige *Einzeltherapiekontakte* stattfinden sollten und auch einige lose Gruppenkontakte, in denen der Therapeut und das für die Gruppe vorgesehene Kind erkennen können, ob – und unter welchen Bedingungen – eine Teilnahme an einer Gruppentherapie möglich ist. Eine sofortige Aufnahme in eine Therapiegruppe, ohne die geschilderte Art der Erfahrungssammlung, halte ich für unverantwortlich.

Da in der Gruppen-Spieltherapie das Interaktionsgeschehen zwischen den Kindern im Vordergrund steht, muß das Kind vom *Alter und Entwicklungsstand* her in der Lage sein, sich als ein Teilnehmer unter vielen erleben zu können. Dies ist für Kinder unter 6–7 Jahren häufig sehr schwer, so daß die Gruppengröße bei dieser Altersspanne maximal nur drei Kinder betragen sollte.

Kontraindiziert ist eine Gruppentherapie bei Kindern, die sehr empfindsam gegen kritische, ablehnende oder aggressive Verhaltensweisen sind; die aufgrund einer frühkindlichen *bindungsmäßigen Vernachlässigung* ein großes Bedürfnis nach konstanter Zuwendung und Empathie haben oder deren Eigenständigkeit noch vom Erwachsenen geschützt werden muß. Diesen Kindern kann am besten in einer Einzeltherapie geholfen werden, so daß man eine Gruppentherapie erst dann empfehlen sollte, wenn die eigenständige Erfüllung folgender Grundbedürfnisse beim Kinde gewährleistet ist: – die Befriedigung physiologischer Bedürfnisse; – die Befriedigung von Sicherheits- und Ordnungsbedürfnissen; – die Befriedigung von Empathie- und Liebesbedürfnissen durch Erwachsene; – die Befriedigung der Bedürfnisse nach Wertschätzung und Autonomie durch Erwachsene (s. a. S. 20 ff). Können sich Kinder diese Bedürfnisse im wesentlichen selbst erfüllen, so haben sie diesbezüglich bereits ein stabiles Selbstkonzept.

Die Aufnahme in eine Gruppentherapie setzt also bereits eine gewisse Festigung des Selbstkonzeptes, bezogen auf die Bindung an Erwachsene, voraus; ihre Zielsetzung ist überwiegend auf die Entwicklung von sozialen Erfahrungen zwischen Kindern und zwischen einer Kindergruppe und einem Erwachsenen ausgerichtet; so sind z. B. triadische Beziehungserfahrungen z. B. in der Konstellation: Kind A, Kind B und Kind C oder: Kind A, Dyade von Kind B und C und Therapeut D möglich. Durch die Herstellung triadischer Beziehungsmuster ergeben sich auch vielfältige Projektionsmöglichkeiten für die Abbildung und Aufarbeitung von Dreiecks-Beziehungen zwischen Geschwisterkindern und Erwachsenen.

Bei der Gruppenzusammenstellung sollten möglichst Kinder mit *unterschiedlichen Störungsarten* berücksichtigt werden, so daß Kinder bezüglich ihres Positivverhaltens voneinander lernen können und sich nicht gegenseitig durch ein ähnlich gestörtes Verhalten behindern. Kinder, die sich in der Gruppe nicht selbst regulieren können (z. B. Kinder mit aggressiven oder übererregten Verhaltensweisen), sollten nicht im Rahmen einer Gruppentherapie behandelt werden (vgl. Ginott 1966, S. 45 ff.).

Bezüglich des *Zeitpunktes der Gruppenaufnahme* unterscheidet man zwischen offen und geschlossen geführten Gruppen. *Offen* geführte Gruppen liegen dann vor, wenn man schrittweise Kinder in eine Gruppe aufnimmt (bis zur gewünschten Gruppenzahl) und sie auch schrittweise wieder entläßt. *Geschlossen* geführte Gruppen liegen dann vor, wenn man die Therapie gemeinsam mit allen Gruppenteilnehmern beginnt und beendet.

Nach Ehlers (1981, S. 53) werden in der Praxis häufiger offen geführte Gruppen angeboten, wobei sich die Gruppenzusammenstellung über einen längeren Zeitraum hinzieht und neu eingeführte Gruppenmitglieder behutsam an die „alten" Mitglieder herangeführt werden. Im allgemeinen ist es auch üblich, daß die „alten" Mitglieder bis zu einem gewissen Grade mitbestimmen können, ob ein neues Kind in die Gruppe aufgenommen werden soll. Die letzte Entscheidung sollte sich jedoch der Therapeut vorbehalten.

Um die Möglichkeit eines frühzeitigen Gruppenausschlusses eines Mitgliedes so gering wie möglich zu halten, sollten die ersten Gruppenkontakte als *Probe-Kontakte* für das „neue" Kind gekennzeichnet werden. Danach ist zu entscheiden, ob das Kind in die Gruppe aufgenommen wird. Damit ein abgelehntes Kind dennoch weiter Psychotherapie bekommt, sollte ihm die Möglichkeit zur Fortsetzung der Einzelkontakte angeboten werden.

Da der *Umgang mit Gefühlen* auch in der Gruppentherapie ein wichtiges Ziel ist, sollte sich der Therapeut zu Beginn jeder neuen Gruppentherapie vor Augen führen, welche möglichen *Ängste* Kinder einer Gruppentherapie haben könnten; das können z. B. folgende Ängste sein: Angst vor Isolation und Einsamkeit; Angst vor demütigenden seelischen Verletzungen; Angst vor Kritik, Gelächter, Verhöhnung, Bedrohung, Beleidigung etc.; Angst, sozial zu „verhungern" und nicht genügend Wertschätzung und Aufmerksamkeit zu bekommen. Um auf diese Ängste angemessen eingehen zu können, sollte man sie in der probeweisen Einzeltherapie erspüren und bei den ersten Gruppenkontakten mit den Kindern ansprechen. Auch sollte man sehr ängstliche Kinder vor Demütigungen oder seelischen Verletzungen durch andere Kinder schützen.

6.2.2.2 *Spezielle therapeutische Strategien in der Gruppen-Spieltherapie*

Im Gegensatz zum Gruppenverhalten von Erwachsenen (s. Yalom 1974; Rogers 1974 b; Mente und Spittler 1980), können sich Kinder in einer Gruppentherapie weniger gut gegenseitig bei der Lösung ihrer psychischen Probleme helfen. Dies liegt u. a. daran, daß sich Kinder wegen ihres geringen bewußtseinsmäßigen Zuganges zu den gemachten Heilungserfahrungen untereinander keine detaillierten Hilfestellungen geben können; zum anderen haben sie auch häufig keine Lust, als Hilfstherapeut für andere Kinder tätig zu sein. Vielmehr erleben sie sich im Gruppenverband vorrangig als für sich selbst verantwortlich und genießen im allgemeinen diese Unabhängigkeit.

Andererseits können Kinder in bestimmten Situationen durchaus Verständnis, Hilfe oder Trost für andere Kinder aufbringen; jedoch ist dies vorwiegend ein *einmaliges Ereignis* und kein Dauerzustand, auf den man eine generelle Therapiestrategie gründen könnte. Aus diesem Grunde sind die folgenden von Yalom (1974) formulierten Strategien für eine Gruppentherapie mit Erwachsenen, die sich vorrangig auf eine gegenseitige Klientenmithilfe beziehen, in Kindergruppen nur bedingt wirksam:

1. Mitteilung heilungsfördernder Informationen;
2. Einflößen von Hoffnung;
3. Trost durch die Universalität des Leidens;
4. altruistische Hilfe für den Mitklienten;
5. korrigierende Rekapitulation der primären Familiengruppen;
6. Entwicklung von Techniken des mitmenschlichen Umgangs;
7. interpersonales Lernen;
8. Bindungsverantwortung der Gruppe (Kohäsion);
9. Katharsisprozesse;
10. nachahmendes Lernen.

Von diesen Strategien haben in Kindergruppen folgende Heilungsmaßnahmen eine größere Bedeutung: Einflößen von Hoffnung, Vermittlung von Trost, interpersonales Lernen, Bindungsverantwortung der Gruppe, Katharsis und nachahmendes Lernen. Der Therapeut sollte die Entstehung dieser Hilfsprozesse in der Kindergruppe unterstützen, damit ein heilungsförderndes Klima und eine gegenseitige Unterstützung – wenn auch nur kurzfristig – entstehen kann. Von großem Nutzen ist auch die Bereitschaft der Gruppenmitglieder, störende Verhaltensweisen anderer Kinder zu ertragen; diese Bereitschaft wird zuweilen bis zum Erreichen der Toleranzgrenze gefordert.

Aus den Ausführungen wird ersichtlich, daß die Hilfsbemühungen der Kinderklienten nicht überfordert werden sollten und daß der *Therapeut der primäre Helfer* in der Therapie ist. Deshalb ist die therapeutische Einflußnahme auch nicht vorrangig auf die Förderung von Gruppenprozessen ausgerichtet, sondern auf die Förderung der Selbsthilfeprozesse eines jeden Kindes. Ehlers (1981) spricht deshalb auch von einer *„Therapie des Einzelnen in der Gruppe"*. Um dieser Zielsetzung zu genügen, muß der Therapeut in jeder Therapiestunde darauf achten, daß jedes Kind genügend persönliche Ansprache, Lernmöglichkeit, Lernhilfe und Schutz für seine Lernprozesse erhält. Er kann diese Verantwortung nicht an die Kindergruppe delegieren. Der Therapeut ist deshalb in heilungswichtigen Situationen der primäre Lernhelfer des Klienten, während er in weniger wichtigen Situationen die Position eines Beobachters oder relativ gleichgestellten Mitspielers hat (s.a. Slavson und Schiffer 1976, S. 581f.).

In der *Position eines Beobachters* befindet sich der Therapeut relativ häufig. Er sollte in dieser Position möglichst alle Kinder im Blick haben und ihre Aktivitäten nicht durch Herumgehen oder persönliche Zuwendung stören. Veränderungen der räumlichen Distanz können nämlich nicht nur hilfreich, sondern auch störend sein (s. S. 102). Dies gilt insbesondere für Gruppenprozesse. Distanzveränderungen des Therapeuten können das Interaktionsgeschehen zwischen den Kindern „zerschneiden" und damit wichtige gruppendynamische Prozesse behindern (s.a. Ehlers 1981, S. 51f.).

Generell gilt für das Therapeutenverhalten in der Gruppen-Spieltherapie, daß sich der Therapeut in jedem Therapiekontakt bemühen sollte, eine *persönliche Begegnung zu jedem Kind* herzustellen. Damit soll dem Kind verdeutlicht werden, daß sich der Therapeut freut, daß das Kind in die Therapiestunde gekommen ist und daß sich der Therapeut für den seelischen Zustand des Kindes interessiert. Ähnlich wie in einer Einzeltherapie sollte eine möglichst intensive Begegnung zwischen Therapeut und Klient stattfinden, die nicht durch eine gute Begegnung der Kinder untereinander ersetzt werden kann.

Insgesamt sollte bezüglich der personalen Zuwendung die Regel gelten, daß im Verlauf eines Gruppentherapiekontaktes jedes Kind in etwa die gleiche Zuwendungsdauer und -intensität erhalten sollte. Ist dies in einem bestimmten Kontakt nicht möglich, so sollte das Defizit in den folgenden Kontakten ausgeglichen werden. Die geforderte Gleichverteilung der Aufmerksamkeit ist auch ein Grund dafür, daß bei der Strategie der „Einzeltherapie in der Gruppe" nur so viele Kinder in die Gruppe aufgenommen werden können, wie es der Fähigkeit des Therapeuten zur gleichmäßigen Aufmerksamkeitsverteilung entspricht. Diese ist bei maximal fünf Therapiekindern sehr gefordert, so daß die Zahl der Therapiekinder eher bei drei Kindern liegen sollte.

Die *Strategie der Grenzsetzung* zum Zwecke der Eindämmung und Verhinderung unangemessener Umwelt- und Handlungsprozesse (s. S. 105 f) hat in der Gruppentherapie ein besonderes Gewicht. Dieses wird von Ehlers (1981, S. 52) wie folgt beschrieben:

„Da Grenzsetzungen in der Gruppe meist von allen Kindern interessiert beobachtet werden, kann jedes Kind für sich seine Erfahrungen daraus ableiten. Werden diese Situationen durch den Therapeuten eindeutig geklärt und begründet, so kann jedes Kind für sich selbst die entsprechende Regel ableiten. Der Therapeut muß in der Gruppe konsequent bei einer Grenze bleiben, auch wenn ihm eine individuelle Handhabung besser erscheint. In diesem Punkt ist die Gruppentherapie starrer als die Einzeltherapie; für das Kind erleichtert aber eine eindeutige und feste Regel deren Beachtung."

Des weiteren sollte der Therapeut bereits vor der Durchführung einer Gruppentherapie geklärt haben, welche Grenzen er setzen will und wie er Grenzüberschreitungen ahnden will. In diesem Sinne schreibt Axline (1972, S. 129): „Der Therapeut, der mit einer Gruppe zu tun hat, braucht noch notwendiger als der Therapeut einer Einzeltherapie *gut durchdachte Vorstellungen von Begrenzungen*. Konsequenz und Sicherheit müssen seine Praxis beherrschen. Die Kinder können dann Beschränkungen ihrer Aktivität viel konstruktiver nutzen, als wenn das Setzen von Grenzen inkonsequent und in unsicherer Art und Weise geschieht. Begrenzungen werden zu Belastungen für eine Gruppe, wenn sie ungeschickt gehandhabt werden. Andererseits können sie eine positive Hilfe bedeuten, wenn sie natürlich und aufrichtig angewandt werden."

Häufig drückt sich im Überschreiten von Grenzen nicht nur die Absicht aus, jemanden zu ärgern oder sich für eine seelische Verletzung zu „rächen", sondern eine mangelhafte Kenntnis einer Verhaltensregel oder eine nicht lösbare Dissonanzsituation von miteinander konkurrierenden Regeln (s. a. Schmidtchen 1989a, S. 153ff.). In diesem Fall stellt die Vermittlung von angemessenen Verhaltensregeln eine wichtige Hilfe dar, mit der der Klient eine *bessere normative Orientierung* für seine Verhaltensplanung bekommt. Der Therapeut fungiert in diesem Moment als ein Erzieher, der wichtige Verhaltensnormen lehrt. Dieser *pädagogische Aspekt* der Arbeit ist in der Spiel- und Familientherapie häufig anzutreffen.

6.3 Besonderheiten des Therapeutenverhaltens in der Familientherapie

Die Besonderheiten des Therapeutenverhaltens in der klientenzentrierten Familientherapie ergeben sich im wesentlichen aus der Besonderheit der therapeutischen Zielgruppe. Die Therapie ist nicht auf eine Person zentriert, wie in der Einzel-Spieltherapie oder auf mehrere von einander unabhängige Personen, wie in der Gruppen-Spieltherapie, sondern auf eine miteinander verwobene *Gruppeneinheit,* nämlich die Familie.

Der Therapeut muß deshalb bei allen Interventionen die Gesetzmäßigkeiten dieser Gruppeneinheit mitberücksichtigen; diese sind im Kapitel 4.1 als *Annahmen einer Familien-Systemtheorie* näher beschrieben worden (s. S. 30 ff). Die Annahmen beziehen sich u. a. auf folgende Aspekte:

- Die *ganzheitliche Verwobenheit und zirkuläre Kausalität* der familiären Interaktionen; damit ist gemeint, daß immer die Interessen aller Familienmitglieder berücksichtigt werden müssen und daß die Transaktionen nicht einseitig erklärt werden können.
- Das *Streben nach einem labilen Gleichgewichtszustand (Homöostasezustand),* in dem die in der Familie wirkenden Kräfte ausbalanciert werden (s. a. die Aussagen zum Piagetschen Äquilibrationskonzept auf S. 68).
- Die *Bedeutsamkeit eines „Wandels zweiter Ordnung"* beim Anstreben der Therapieziele; damit ist gemeint, daß wichtige therapeutische Veränderungen auf der Ebene von übergeordneten Handlungsregeln oder Handlungsprozessen stattfinden müssen und nicht auf der Ebene geringfügiger Nuancierungen der ursprünglichen Handlungsregeln (z. B. in einer Intensitätsverringerung des Problemverhaltens). Es genügt nicht, daß die Klienten lernen, ein bestimmtes Verhalten häufiger oder weniger häufig zu zeigen, sondern es müssen Veränderungen bezüglich der *Sinnhaftigkeit* und Struktur des Verhaltens angestrebt werden; d. h. das Problem- und Zielverhalten muß vom Klienten in einem neuen Bedeutungs- und Strukturzusammenhang gesehen werden.
- Die *Art der abgrenzenden oder verbindenden Verhaltensregeln* zwischen den Familienmitgliedern oder Untergruppen der Mitglieder. Diese Regeln können zwischen den Zuständen: starr oder flexibel und: eindeutig oder diffus variieren.
- Die *Bedeutsamkeit eines einheitlichen Familienkonzeptes,* mit dessen Hilfe jedes Familienmitglied sein Verhalten so regulieren kann, daß es die wichtigsten Interessen der anderen Mitglieder mitberücksichtigt. Dieses Familienkonzept kann bei den einzelnen Familienmitgliedern sehr unterschiedlich aussehen, so daß aus uneinheitlichen Familienkonzepten zahlreiche Mißverständnisse und problematische Interaktionen entstehen können.

In den folgenden beiden Unterkapiteln sollen die Besonderheiten des Therapeutenverhaltens in der Familientherapie ausführlich beschrieben werden. Begonnen werden soll mit der Darstellung der Basisstrategien.

6.3.1 Basisstrategien des familientherapeutischen Handelns

Die Basisstrategien des familientherapeutischen Handelns beziehen sich auf folgende Maßnahmen:
1. Offenlegung der Kernannahmen des Familienkonzeptes;
2. Kommunikations- und Lernmedien;
3. Berücksichtigung besonderer gruppendynamischer Prozesse;
4. Co-therapeutische Aufgabenteilung und
5. Verzahnung der Spieltherapie mit der Familientherapie.

Die Strategien sollen im folgenden einzelnen beschrieben werden.

6.3.1.1 Offenlegung der Kernannahmen des Familienkonzeptes

Bei einer Beeinflussung der Familienmitglieder in Richtung auf eine Verbesserung des gestörten Interaktionsverhaltens mit dem Kinderklienten und auf eine Verbesserung seiner Entwicklungsmöglichkeiten, müssen immer die Interessen *aller* Familienmitglieder mitberücksichtigt werden. Es muß also immer auf die jeweiligen Annahmen der Familienmitglieder zum gemeinsamen Familienkonzept Bezug genommen werden. Weichen diese Annahmen bezüglich wichtiger Verhaltenserwartungen voneinander ab, so ist dies meist die Ursache des gestörten Interaktionsverhaltens und des eingeschränkten Angebotes an Wachstumsmöglichkeiten.

Aus diesem Grunde ist die *Offenlegung* der manifesten und latenten *Kernannahmen zum Familienkonzept* eine der wichtigsten Maßnahmen der Familientherapie, weil sich daraus die verhaltenssteuernden intrafamiliären Gemeinsamkeiten und Unterschiede ergeben. Diese Offenlegung geschieht durch eine gemeinsame *Metakommunikation* über die wichtigsten infrafamiliären Regeln und Verhaltensweisen. Sie sind im jeweiligen *Familienkonzept* eines jeden Familienmitgliedes abgebildet und betreffen u. a. die Art der gegenseitigen Wachstumsförderung, Bedürfnisbefriedigung, Problemlösungshilfe, Beziehungsinterpretation, Weltsicht etc.

Jedes Familienmitglied verfügt im Rahmen seines Familienkonzeptes über Sichtweisen der Familienrealität, die sich mit den Sichtweisen der anderen Mitglieder überlappen und die zu einem familienspezifischen Verhalten führen. Insofern tragen die Annahmen des Familienkonzeptes zu einem Fließgleichgewicht der familiären Interaktionen bei und kennzeichnen die *Besonderheiten* einer jeden Familie, d. h. deren *Identität*.

Auch kleine Kinder haben ein Gespür für die wichtigsten Annahmen des Familienkonzeptes; es ist z. B. bezüglich der Möglichkeiten ihres Autonomiestrebens wie folgt charakterisierbar (s. Schneewind 1987, S. 980): „Ein Kind weiß etwa, daß es seine Wünsche in der Regel durchsetzen kann; es weiß, daß sein Vater auf Bitten im allgemeinen zunächst ablehnend reagiert, dann aber doch rumzukriegen ist und es weiß, wie man es anstellt, um vom Vater das zu bekommen, was es will. Freilich ist dieses Wissen nicht unbedingt ein dem reflexiven Bewußtsein zugängliches und somit sprachlich kommunizierbares Wissen. Dennoch ist es (...) im hohen Maße verhaltenswirksam und trägt somit auch zu dem besonderen Interaktionsmuster bei, das für eine Familie kennzeichnend ist."

Hat man *konflikthafte Annahmen* in den jeweiligen Familienkonzepten gefunden, dann sollte gemeinsam von den Familienmitgliedern beraten werden, wie diese Diskrepanzen aufgehoben und wie allgemein akzeptierte Konzepte gefunden werden können. Da sich die Annahmen im allgemeinen auf Erwartungen und reale Verhaltensweisen zu einer kindzentrierten und gegenseitigen Wachstumsförderung und Bedürfnisbefriedigung beziehen, läßt sich diese Analyse als Ausgangspunkt zur Harmonisierung der jeweiligen Familienkonzepte nehmen.

Das therapeutische Interventionsgeschehen ist in den ersten Familientherapiekontakten (nach der Diagnostikphase) also darauf ausgerichtet, die realen und erwarteten Verhaltensweisen und -regeln des kindzentrierten und gegenseitigen Bedürfnisbefriedigungs- und Wachstumsförderungsverhaltens zu erkunden. In den folgenden Kontakten sind dann die gefundenen Diskrepanzen zwischen den Verhaltensweisen und -regeln abzubauen.

Ein weiterer zu analysierender Regelkomplex bezieht sich auf die Regeln zur kindzentrierten und gegenseitigen *Hilfe bei der Lösung von Verhaltensproblemen*. Im Rahmen dieser Analyse ist der Beitrag zu erkunden, den jedes Familienmitglied zur Lösung (oder Nichtlösung) der kindlichen und gegenseitigen Probleme leistet. Auch hier ist es das therapeutische Ziel, unangemessene Lösungsbemühungen abzubauen und konstruktive Bemühungen zu unterstützen.

Aus den Ausführungen wird ersichtlich, daß sich das familientherapeutische Interventionsgeschehen sowohl auf *kindzentrierte* als auch *gegenseitige* Transaktionen beziehen sollte. Dies ist deshalb notwendig, weil sich häufig die Regeln des kindzentrierten Bedürfnisbefriedigungs- und Problemlösungsverhaltens wegen der *ganzheitlichen Verwobenheit* intrafamiliärer Interaktionen aus den Regeln der gegenseitigen Bedürfnisbefriedigung und Problemlösungshilfe ableiten lassen. Globalstrategisch sollte jedoch so vorgegangen werden, zuerst mit der Analyse der kindzentrierten Transaktionen zu beginnen.

6.3.1.2 Kommunikations- und Lernmedien

Eine große Besonderheit des familientherapeutischen Vorgehens ergibt sich aus den verschiedenen *Kommunikations- und Lernmedien* der Therapie. Während in der Spieltherapie die Lernprozesse überwiegend im Rahmen von Spieltätigkeiten stattfinden, finden sie im Setting der Familientherapie überwiegend im Rahmen von *Gesprächstätigkeiten*, kombiniert mit *Phantasieübungen*, *Spieltätigkeiten* und *aktionalen Verhaltensübungen* statt. Diese Medien erfordern eine erhebliche Erweiterung des therapeutischen Repertoires, weil z. B. die Bedingungen, unter denen ein eigenständiges erfahrungsgeleitetes Lernen stattfinden kann, in Gesprächstätigkeiten oder aktionalen Verhaltensübungen andere sind als in Spieltätigkeiten. Im folgenden sollen die Besonderheiten der einzelnen Lernbedingungen für die unterschiedlichen familientherapeutischen Kommunikationsmedien kurz geschildert werden.

Im Rahmen von *Gesprächstätigkeiten* können erfahrungsgeleitete und bedeutungsschaffende Lernprozesse (s. S. 90ff) nur dann stattfinden, wenn sich die Klienten während ihres Sprachvorganges sehr exakt auf gemachte oder zu machende aktionale Verhaltensweisen beziehen; d. h. wenn die sprachlichen Prozesse eine möglichst *direkte Abbildung* der konkreten Verhaltenprozesse wiedergeben. Damit dies möglich ist, empfiehlt es sich, auf eine sehr detaillierte und anschauliche Sprache zu achten und den Klienten immer wieder zu bitten, in der Sprache auf reale oder vorgestellte Handlungen bezugzunehmen. Ein bloßes Daherreden, ohne einen Bezug zur gemachten oder vorgestellten Erfahrung, bringt keine *gedanklichen Einsichtsprozesse* und keine Veränderungen des Verhaltens.

Wenn es um die Vorbereitung neuer Verhaltensweisen geht, ist es zuweilen auch hilfreich, die Klienten zu bitten, sich die neuen Verhaltensweisen in der Phantasie vorzustellen (s. Schmidtchen 1989a, S. 148ff.). Dabei sollten die *Vorstellungsbilder* möglichst mit allen Sinnen produziert werden, also dem Sehsinn, Gehörsinn, Bewegungssinn, Geruchssinn und Geschmackssinn. Die Bilder können auch durch verbale Bemerkungen des Klienten oder verbale Anweisungen des Therapeuten ergänzt werden; dabei sollte der Therapeut jedoch darauf achten, nur Anweisungen zu geben, die die Phantasietätigkeit des Klienten unterstützen und sein Selbstheilungsbemühen anregen (s. a. die Strategien zur speziellen Intervention auf S. 103ff). Häufig wird das Lernmedium der Phantasieübung auch mit dem Medium der Spieltätigkeit oder der aktionalen Verhaltensübung kombiniert.

Die *Spieltätigkeit* eignet sich als erfahrungsschaffender Lernrahmen für die Familientherapie deshalb, weil sich Eltern, Therapeut und

Kind auf ein Kommunikationsmedium einlassen können, in dem alle Beteiligten die gleichen Mitteilungs- und Gestaltungschancen haben; denn nur im Spiel haben die Kinder die gleichen Ausdrucks- und geistigen Organisationsmöglichkeiten wie die Erwachsenen. Diese Chancengleichheit ist in der Sprache oder sprachlich gelenkten Imaginations- oder Verhaltensübung nicht gegeben. Deshalb sollten Eltern und Kinder viele ihrer Lernaufgaben im Rahmen von Spieltätigkeiten erfüllen. (Zu den besonderen Lernmerkmalen der Spieltätigkeit s. Kap. 2.)

Ein weiteres Lernmedium ist die spontane oder gelenkte *aktionale Verhaltensübung*. Damit ist gemeint, daß die Familienmitglieder innerhalb des Familientherapiesettings aufgefordert werden, ein heilungsförderndes Verhalten zu üben; dabei können die Übungen spontan oder gelenkt stattfinden. Um das Lernsetting zu erweitern, ist es auch üblich, die Klienten zu Verhaltensübungen außerhalb der Therapie, d. h. im natürlichen familiären Umfeld, aufzufordern. Hierbei kann es sich ebenfalls um spontane oder gelenkte Übungen handeln. Am lerngünstigsten sind spontane Übungsbemühungen der Klienten.

6.3.1.3 Berücksichtigung besonderer gruppendynamischer Prozesse

Da alle Lernprozesse in der Familientherapie in einem besonderen Gruppenverband, nämlich der Familiengruppe, stattfinden, müssen spezifische *gruppendynamische Prozesse* bei der therapeutischen Arbeit mitberücksichtigt werden. Diese Prozesse beziehen sich insbesondere auf das *festgefügte und eingespielte Beziehungsnetz* zwischen den Familienmitgliedern. Anders als z. B. in einer Gruppen-Spieltherapie, in der Kinderklienten zusammentreffen, die sich bisher nicht gekannt haben und die in keinem gegenseitigen Netzwerk von Aufgaben und Erwartungen stehen, sind die Familientherapieklienten durch vielfältige Erwartungen und Verpflichtungen miteinander verknüpft. Es handelt sich diesbezüglich um einen *geschlossenen Gruppenverband,* d. h. ein geschlossenes System.

In diesem Verband gelten spezielle Regeln der Kohäsion und Kommunikation. Meist sind die Familienmitglieder so eng miteinander verwoben, daß die Verhaltensänderung eines Mitgliedes nur dann möglich ist, wenn dies die anderen Mitglieder innerlich und verhaltensmäßig tolerieren. Insofern sind die Freiheitsgrade für eine heilungsfördernde Veränderung einer Person in der Familiengruppe geringer als in der Gruppen-Spieltherapie. Die beharrenden Gewichte der anderen Familienmitglieder behindern häufig eine schnelle und individuelle Veränderung. Deshalb ist auch eine alleinige Spieltherapie – ohne eine begleitende Familientherapie – relativ unwirksam. Andererseits können durch geschickte Einflußnahmen auf die Beharrungs- und Bewegungskräfte des Familiensystems auch *Beschleunigungen der Heilungsdynamik* erreicht werden. Diese treten immer dann auf, wenn heilungsfördernde Kernannahmen des Familienkonzeptes zugleich bei allen Mitgliedern aktiviert werden können, so daß eine gegenseitige Heilungsstimulation stattfindet.

Leider ist es häufig jedoch so, daß eine *gegenseitige Heilungsverhinderung* stattfindet, daß also ein Bündnis zur Einhaltung des status quo, d. h. des gestörten Zustandes, eingegangen wird. In diesem Fall gilt es für den Therapeuten, Wege zu finden, wie er das Verhinderungsverhalten blockieren und das Heilungsverhalten stimulieren kann. Einer dieser Wege besteht in einer *paradoxen Intervention* (z. B. der Anweisung, alle Kräfte daraufhin auszurichten, Verhaltensänderungen zu verhindern). Auch eine *co-therapeutische Aufgabenverteilung* erleichtert den Umgang mit einem Verhinderungsverhalten.

6.3.1.4 Co-therapeutische Aufgabenverteilung

In der Familientherapie sollten die therapeutischen Aufgaben auf zwei Personen verteilt werden; dabei empfiehlt es sich, den Spieltherapeuten als Co-Therapeuten an der Familientherapie zu beteiligen. Aus dieser Paarung ergibt sich, daß ein Therapeut (ich nenne ihn Haupttherapeut) für die strukturierende Diagnostik- und Familienarbeit zuständig ist und der andere Therapeut (genannt Co-Therapeut) für die Spieltherapie und familientherapeutische Hilfestellung.

Die *Rolle des Co-Therapeuten* sollte sich in den Familienkontakten auf Protokollierungen, therapeutische Hilfestellungen, unterstützende Empathie, Korrekturen des Haupttherapeuten etc. beziehen, sowie auf die besondere Berücksichtigung der Interessen des Kindes (oder eines anderen Familienmitgliedes). Obwohl die strukturierende Führung schwerpunktmäßig beim Haupttherapeuten liegen sollte, sollte der Co-Therapeut gleich viel Gewicht und Autorität im Therapeutenteam haben. Die gemeinsame Arbeit sollte als eine koordinierte *Paarleistung* durchgeführt werden, jedoch mit einer unterschiedlichen Aufgabenverteilung.

Damit das Therapeutenpaar ein vorbildhaftes Verhalten für ein intrafamiliäres Agieren ist, sollten die Therapeuten von *unterschiedlichem Geschlecht* sein und im Verlauf ihrer Arbeit alle wesentlichen Aufgaben und Strategien des Therapeutenverhaltens wechselseitig ausgeübt haben, so daß kein prinzipielles Vorbildverhalten für reine weibliche und reine männliche Transaktionen gezeigt wird. Frau und

Mann sollten – trotz unterschiedlicher Aufgabenschwerpunkte – gleichverantwortlich für die intrafamiliären Heilungsprozesse sein, insbesondere die Prozesse einer befriedigenden gegenseitigen Wachstumsförderung, Bedürfnisbefriedigung und Problemlösungshilfe (s. a. Luthman und Kirschenbaum 1977, S. 237ff; Auckenthaler 1983, S. 52ff.).

6.3.1.5 Verzahnung der Spieltherapie mit der Familientherapie

Eine weitere Basisstrategie des familientherapeutischen Handelns bezieht sich auf die *Verzahnung* der Spieltherapie mit der Familientherapie. Wie aus der allgemeinen familientherapeutischen Praxis bekannt ist, ist eine Kombination von Spiel- und Familientherapie – wie ich sie hier vorschlage – unüblich. Gewöhnlicherweise wird nur eine Familientherapie, ohne eine spezielle Spieltherapie, durchgeführt.

Die Kombination von Spiel- und Familientherapie wird damit begründet, daß es bei entwicklungsgeschädigten oder -verzögerten Kindern heilungsfördernder ist, wenn parallel zur Familientherapie speziell für das Kind ein Lernrahmen geschaffen wird, in dem es weitere Wachstumsanreize bekommen kann. Dieses Vorgehen ist insbesondere dann indiziert, wenn das Familiensystem so belastet ist, daß es dem Kinderklienten nicht die notwendigen Hilfen zur Behebung der Entwicklungsverzögerungen geben kann.

Zeigt es sich jedoch, daß beim Kinderklienten keine Entwicklungsschädigungen oder -verzögerungen vorliegen, dann ist die Durchführung einer *Familientherapie ohne eine begleitende Spieltherapie* empfehlenswert.

Zeigt es sich des weiteren, daß das Elternpaar oder die Elternpersonen schwerwiegende Entwicklungsprobleme haben, die für die Manifestation des gestörten Kindverhaltens wesentlich mitverantwortlich sind, dann ist die Familientherapie mit einer begleitenden Paartherapie oder individuellen Elternteiltherapie zu kombinieren.

Nicht denkbar ist jedoch die Durchführung einer *alleinigen Spieltherapie* ohne einen Einbezug der Familie, weil das Kind so sehr als Teil des Familienganzen anzusehen ist, daß es nicht unabhängig vom familiären Verband und dessen Erwartungen und Regeln interagieren kann. Eine alleinige Spieltherapie bleibt also immer ein Notbehelf, der höchstens dann zur Anwendung kommt, wenn die Eltern zu einer gemeinsamen Therapie nicht bereit sind. Aber auch in diesem Fall sollte immer darauf gedrungen werden, daß parallel zur Spieltherapie eine zumindest sporadische Elternarbeit stattfindet. Diese könnte sich am Modell der Erziehungsberatung orientieren (s. Schmidtchen 1989a).

6.3.2 Spezifische Strategien des familientherapeutischen Handelns

Die spezifischen Strategien des familientherapeutischen Handelns orientieren sich an den im Kapitel 6.1.2 skizzierten spezifischen Hilfsstrategien der klientenzentrierten Spiel- und Familientherapie. Sie sollen hier bezüglich einiger *Besonderheiten der familienbezogenen therapeutischen Arbeit* noch einmal aufgegriffen werden; dabei werden jedoch keine erschöpfenden Aussagen zur spezifischen Strategienanwendung in der Familientherapie gemacht.

6.3.2.1 Besonderheiten einer familientherapeutischen Beziehungsgestaltung

Wichtig bei der familientherapeutischen Arbeit ist, daß die Therapeuten nicht nur eine helfende *Beziehung* zum Kind aufbauen, sondern in gleicher Weise auch zu den Geschwistern des Kindes und zu Vater und Mutter. Dabei besteht durch die gesonderte Behandlung des Kindes im Rahmen der Spieltherapie die Gefahr, daß nur eine intensive Beziehung zum Kind aufgebaut wird, die die Eltern ausschließt. Die Therapeuten müssen es des weiteren vermeiden, die Rollen eines „besseren" Elternpaares darzustellen, sondern sollten für alle Beteiligten nur die Rolle eines Helferpaares einnehmen, mit gleichstarken emotionalen Bindungen zu jedem Familienmitglied. (Stierlin u. a. [1977] sprechen in diesem Sinne vom Gebot der Allparteilichkeit.)

Des weiteren ist es wichtig, daß die Verantwortung für die Heilungs- und Störungsprozesse bei der Familie gelassen wird und daß sich die Therapeuten nur als Helfer zur Selbsthilfe definieren.

Bezüglich des Einbringens ihrer therapeutischen *Sachkompetenz* gilt, daß die Therapeuten bei der familientherapeutischen Arbeit in höherem Ausmaß als in der Einzel-Spieltherapie kommunikationsfördernde Informationen geben und aktive Eingriffe in Form von Markierungen (bzw. Fokussierungen), Anweisungen, Bedeutungsformungen, Modelldemonstrationen, Grenzsetzungen, Konfrontationen etc. (s. a. Minuchin und Fishman 1988) vornehmen müssen. Dabei sollten sie darauf achten, daß sie die genannten Strategien so einsetzen, daß die *familieneigenen Hilfskräfte* und die Fähigkeiten zur *familiären Selbstregulation* aktiviert werden.

Wie ich an anderer Stelle bereits angedeutet habe (s. S. 95ff), stellt die Gewährleistung eines anregenden, freundlichen, gefühlsoffenen und angstabbauenden *Therapieklimas* in einigen Familien eine schwere Aufgabe dar. Dies sind besonders Familien, die wegen der Vielzahl ihrer Probleme eine gefühlsoffene Kommunikation vermeiden, u. a. deshalb, um überhaupt noch in Ruhe miteinander reden zu können; oder Familien, die sich wegen jeder Kleinigkeit zanken. Auch gibt es Familien, die sich in ihrer Kommunikation gegenseitig bedrohen und seelisch verletzen und in denen eine solche mißtrauische Grundstimmung vorherrscht, daß keine entwicklungsfördernde Lernoffenheit möglich ist.

Diese Aufzählung der emotional bedingten kommunikativen Störungsmöglichkeiten im Familiensystem ließe sich problemlos erweitern; sie macht deutlich, daß es in der Familiengruppe im Gegensatz zur Einzel- oder Gruppentherapie mit Kindern (oder Erwachsenen) häufig schwer möglich ist, die notwendigen Beziehungs- und Klimabedingungen herzustellen, die Voraussetzung für den eigenständigen Erwerb von Selbstheilungsprozessen sind. Meist ist die Gewährleistung dieser Bedingungen bereits das Ziel einer Familientherapie und nicht ihr Ausgangspunkt.

Diese Situation steht im *Widerspruch* zu gewissen Erwartungen der klientenzentrierten Therapietheorie, die davon ausgeht, daß die Klienten bereits zu Therapiebeginn beziehungsfähig und bereit sind, ein günstiges Therapieklima zu schaffen, das die Basis für die therapeutische Arbeit ist. Aus diesen Erwartungen ergibt sich auch die Strategie der Nichtdirektivität des Therapeutenverhaltens. In der familientherapeutischen Praxis sieht es häufig jedoch so aus, daß diese Voraussetzungen nicht gegeben sind, so daß die Familientherapeuten unter erheblich schwereren Bedingungen arbeiten müssen als die Einzeltherapeuten und stärker für die intrafamiliäre Akzeptanz der Kommunikationsbedingungen von Freundlichkeit, Wertschätzung, Angstfreiheit und Gefühlsoffenheit eintreten müssen. Gegebenenfalls müssen sie dies sogar in direktiver Weise tun.

Eine weitere Schwierigkeit ergibt sich aus der Forderung nach einer *gefühlsoffenen und -ehrlichen Kommunikation.* Sie sollte in *den* Familien, die bisher verdeckt und strategisch miteinander kommuniziert haben, nur schrittweise realisiert werden, weil eine zu schnelle Einführung der Gefühlsoffenheit wahrscheinlich einige Familienmitglieder überfordern würde. Es ist sogar empfehlenswert, eine gefühlsoffene und -ehrliche Kommunikation erst einmal in anderen therapeutischen Settings (z. B. in einer Gruppentherapie für Erwachsene) zu erwerben, bevor sie schwerpunktmäßig in der Familientherapie realisiert wird.

Da jedoch die klientenzentrierte Therapieform stark gefühls- und erlebnisbetont ist (s. S. 58), ist es bei Familiensystemen mit gefühlsunterdrückenden Kommunikationsgewohnheiten durchaus denkbar, daß sie nicht mit einer klientenzentrierten Familientherapie behandelt werden können. Hier müßten u. U. strategische Familientherapieverfahren wir die von Haley (1977) oder Selvini-Palazzoli u. a. (1978) zum Einsatz kommen; in diesen Therapieverfahren wird nämlich keine gefühlsehrliche und -offene Kommunikation vorausgesetzt oder angestrebt.

Ein weiteres wichtiges Thema stellt die Forderung nach einem *selbstkongruenten Therapeutenverhalten* dar. Sie besagt, daß die Familientherapeuten ihr offenes und latentes Verhalten an ihren eigenen Selbst-, Paar- und Familienkonzepten (s. a. Schmidtchen 1983) ausrichten sollten, um damit ein Vorbild für ein Bemühen um eine personale Identität von Gedanken, Gefühlen und Handlungen abzugeben. Sie besagt auch, daß die Therapeuten sich nicht hinter der Rolle einer Fachfrau (bzw. eines Fachmannes) oder einer gefühlsmäßigen „Abstinenzhaltung" verstecken dürfen, sondern daß möglichst auch sie gefühlsoffen kommunizieren sollten. Dabei sollten sie darauf achten, „private" Gefühlsausbrüche zu vermeiden und ihre Arbeit als eine zwischenmenschliche Dienstleistung und keinen „privaten" Freundschaftsdienst anzusehen. Insofern ist eine gewisse persönliche Distanz durchaus sinnvoll.

Ganz eindeutig sollte in der Familientherapie für eine *dialogische Kommunikation* zwischen den Familienmitgliedern geworben werden. Sie ist in der familiären Interaktion noch viel wichtiger als in der Therapeut-Klient-Interaktion. Damit die Familienmitglieder mit Disziplin und gegenseitigem Einfühlungsvermögen miteinander sprechen, spielen oder aktional handeln können, müssen sie die Sicherheit haben, daß jeder Gedanke gesagt und jedes Gefühl gezeigt werden darf. Ähnlich wie in einer Gruppen-Spieltherapie muß deshalb die Regel gelten, daß jedes Familienmitglied ein Recht auf eine eigene Meinung und eigene Gefühle hat und daß ihm gleich viel Kommunikationszeit zusteht wie jedem anderen; d. h. daß ein Familienmitglied ein anderes nicht kommunikativ dominieren darf.

Wenn es sich z. B. zeigt, daß ein Vater beständig die ganze Therapiezeit für sich beanspruchen will, dann sollte er von den Therapeuten auf die Regel einer *Redezeit-Limitierung* hingewiesen werden; u. U. durch Zuhilfenahme einer Stoppuhr, mit der er die Länge seiner eigenen Redezeit kontrollieren kann. Wichtig ist, daß Kommunikationsbeiträge von weniger dominanten Familienmitgliedern (z. B. den Kindern) nicht verloren gehen dürfen.

Aus der Notwendigkeit einer genügend langen Kommunikationszeit für alle beteiligten Therapiepartner (also Familienmitglieder und Therapeuten) ergibt sich auch die *Zeitdauer eines* Familien-*Therapiekontaktes*. Sie sollte im Bereich von 90 Minuten liegen.

6.3.2.2 Besonderheiten einer generellen familientherapeutischen Förderung von Selbstheilungsprozessen

Bei der generellen Förderung von Selbstheilungsprozessen geht es im klientenzentrierten Strategienkonzept (s. S. 100ff) darum, heilungsfördernde und -hindernde Umwelt- und Handlungsorganisationsprozesse zu *markieren* und *Empathie* für den Bedeutungsgehalt wichtiger Klientenerfahrungen zu empfinden und verbal zu zeigen. Des weiteren kommen Maßnahmen zur Regulierung der *räumlichen Nähe* zur Anwendung.

Auf die Familientherapie übertragen heißt dies, daß die Familienmitglieder mit Hilfe der Therapeuten im Gespräch, Spiel oder aktionalen Verhalten *heilungsfördernde und -hindernde Transaktionen* herausarbeiten sollen, damit sie diese zukünftig bei ihrer Handlungsplanung berücksichtigen können. Im Gegensatz zur Spieltherapie werden in der Familientherapie in hohem Ausmaß *Bewußtmachungs- und Einsichtsprozesse* angestrebt; dies geschieht immer durch eine *verbale Metakommunikation* über die Interaktionsprozesse und ökologischen Interaktionsbedingungen (s. a. Pavel 1989, S. 248ff.).

Im Rahmen dieser Metakommunikation sollten alle wichtigen *Aspekte des Familienkonzeptes* aufgedeckt werden; und zwar aus der Sicht eines jeden Familienmitgliedes. Da viele der Konzeptannahmen jedoch nicht bewußt sind oder nicht verbal kommuniziert werden, empfiehlt sich in dieser Phase der Bestandsaufnahme auch die Verwendung von kommunikativen Hilfsmitteln wie: *Familienspielen* (z. B. ein gemeinsamer Sceno-Test [s. Staabs 1964], jedoch ohne dessen spezifische Auswertung; oder eine gemeinsame Spielstunde); *projektiven Zeichentests* (z. B. Familie in Tieren [s. Brem-Gräser 1986]); *Familienskulpturen (s. Schweitzer und Weber 1982); Familiengeschichten; Bildern* und *Filmen*; Erstellung eines *Genogrammes* etc.

Wichtig ist, daß auch die Kinder ihre Erfahrungen im Umgang mit wichtigen Aspekten des Familienkonzeptes verdeutlichen können, so daß zur Klärung einer jeden wichtigen Annahme (z. B. über die Art der familiären Unterstützung des Autonomiestrebens oder über die Art des gegenseitigen Austausches von Liebe, Zuwendung und Zärtlichkeit) die Sicht- und Erlebnisweisen von Kindern und Erwachsenen vorliegen. Es empfiehlt sich also immer eine *zirkuläre Befragung* aller Familienmitglieder. Dabei ist es wichtig, daß die Therapeuten den Bedeutungsgehalt der jeweiligen Erfahrungen nachvollziehen. Dies bezieht sich insbesondere auf analog gegebene Botschaften im Rahmen der nichtverbalen Kommunikation.

Welche *Bedeutungsinhalte* die Therapeuten wann, und in welcher Form, verbal oder nichtverbal den Familienmitgliedern rückmelden und damit bewußtmachen wollen, ist von der Entwicklung der Therapie und den jeweiligen Erkenntnisprozessen der Familienmitglieder abhängig; generell sollte davon ausgegangen werden, daß die heilungsgünstigsten Lernerfahrungen dann vorliegen, wenn die Klienten selbständig zu Einsichtsprozessen gelangt sind und diese formulieren können. Insofern gilt auch in der Familientherapie die Maxime der Förderung eines eigenständigen erfahrungsmachenden und bedeutungsschaffenden Lernens (s. S. 90ff).

Es ist ein großer Vorteil der Familientherapie, daß in jeder Familie ein Wissen darüber vorhanden ist, *welche Transaktionen* im Bedürfnisbefriedigungs- und Problemlösungsbereich *heilungsfördernd* sind. Die Familie kennt diese Transaktionen und hat sie mit Sicherheit bereits mehrmals ausgeführt. Aus vielen persönlichen und gruppendynamischen Gründen werden diese heilungsfördernden Transaktionen aber nicht regelhaft als verhaltensleitend anerkannt und durchgeführt.

Es ist also in der Familientherapie häufig nicht so sehr das Problem, heilungsfördernde Transaktionen zu finden und verhaltensmäßig optimal auszugestalten, sondern *strukturelle Veränderungen* dergestalt vorzunehmen, daß die Familie beschließt, die heilungsfördernden Transaktionen regelmäßig durchzuführen. Es müssen also Veränderungen auf der *Entscheidungs- bzw. Willensebene* getroffen werden. Hierzu muß jedes Familienmitglied überprüfen, zu welchen Entscheidungen es bereit ist; dies erfordert eine hinreichend lange Zeit zum Überlegen oder Durchspielen von Entscheidungsalternativen.

Im Rahmen dieser Planungsgedanken und -spiele werden häufig auch *Trennungsabsichten* geäußert; bezüglich dieser Absichten sollten die Therapeuten immer deutlich machen, daß sich zwar die Ehepartner trennen können, daß sie aber weiterhin die Eltern ihrer Kinder bleiben und als solche Verantwortung tragen müssen. Damit bekommen die Kinder ein Gefühl der Sicherheit und brauchen ihre Eltern nicht bei den eventuell notwendigen Abgrenzungsüberlegungen behindern.

Das *Erproben und Realisieren* von Trennungsabsichten ist therapeutisch durchaus sinnvoll, weil es zum Wachstumsprinzip gehört, daß Menschen in ihrem Streben nach personaler Ganzheit immer wieder von neuem bereit sein müssen, sich aus gegenseitigen Stützungs- oder Versorgungsgemeinschaften zu lösen; und zwar dann, wenn ihre Autonomieentwicklung durch andere verhindert wird. Diese Trennung ist aber im wesentlichen von *psychischer Art* und nicht immer gleichbedeutend mit einer Auflösung der Familiengemeinschaft. Meist ist es jedoch so, daß wichtige Familienangehörige die Trennungsbedürfnisse anderer Mitglieder nicht akzeptieren und unterstützen, sondern als eine Bedrohung ihrer gemeinsamen oder persönlichen Identität erleben.

Um ein Trennungsverhalten zu üben, ist es hilfreich, wenn innerhalb der Familientherapie immer wieder Möglichkeiten zur psychischen Trennung angeboten werden. Eines dieser Angebote besteht in der Aufforderung der Therapeuten, Experimente mit einer *unterschiedlichen räumlichen Nähe* durchzuführen. Die Familienmitglieder werden einzeln, als Paare oder als Gesamtheit aufgefordert, die räumlichen Abstände zueinander so zu verändern (z. B. durch eine Veränderung der Sitzordnung oder – im Rahmen einer Familien-Skulptur – durch eine Veränderung der Stellungen zueinander), daß sie ein größeres oder geringeres Ausmaß an Autonomie erleben können (s. a. Minuchin und Fishman 1988).

Die Maßnahme der Näheregulierung ist also nicht nur in der Therapeut-Klient-Interaktion anwendbar, sondern auch in der Interaktion zwischen den Klienten. Aber auch für die beiden Therapeuten der Familientherapie gilt, daß sie ihr eigenes räumliches Miteinander variieren und nicht immer nur als ein nahe beieinander sitzendes oder stehendes Paar auftreten sollten. Wichtig ist auch, daß sie sich unabhängig voneinander den Familienmitgliedern zuwenden oder zugesellen sollten und daß es möglich ist, daß ein Therapeut mit den Eltern und der andere mit den Kindern kommuniziert.

Die Maßnahme der Näheregulierung wird also primär als Mittel zur Autonomieunterstützung und personalen Zuwendung eingesetzt. Sie ist u. a. auch deshalb wichtig, weil sie im nichtverbalen Bereich eine Zuwendungsbereitschaft demonstriert, die Voraussetzung für das Empathieerleben ist.

6.3.2.3 Besonderheiten einer speziellen familientherapeutischen Förderung von Selbstheilungsprozessen

Von den *speziellen* Förderungsmaßnahmen kommen in der klientenzentrierten Familientherapie folgende zur Anwendung (S. 103 ff):
1. *Vorschläge oder Anweisungen,*
2. *Grenzsetzungen,*
3. *Modelldemonstrationen,*
4. *Bedeutungsumformungen* und
5. *körperbezogene Interventionen.*

Die Strategien sollen im folgenden bezüglich ihrer familientherapeutischen Besonderheiten diskutiert werden.

1. Vorschläge oder Anweisungen

Vorschläge haben in der Familientherapie einen großen Stellenwert, da die Therapeuten mit ihrer Hilfe die lerngünstigsten Kommunikationsbedingungen herstellen und Hilfen zur Gestaltung einer heilungsfördernden Beziehung geben können. Des weiteren werden mit ihrer Hilfe in der zweiten Förderungsphase (s. S. 103) spezielle Transaktionen vorgeschlagen und Fehler korrigiert werden. Auch können generelle und spezielle *Ratschläge* zur Wachstumsförderung, insbesondere zur Bedürfnisbefriedigung und Problemlösung, gegeben werden.

Die Anweisungen und Ratschläge sollten nicht als Befehle, sondern als *hilfreiche Verhaltensanregung* gelten. Sie sind Ausdruck des therapeutischen Hilfsbemühens und der Dienstleistungserwartungen der Klienten. Sie sind keine Direktiven und hintergehen somit auch nicht das Nicht-Direktivitätsgebot der klientenzentrierten Therapie.

Möchte man den Eltern *schriftliches Informationsmaterial* zur Therapie geben, so bieten sich u. a. die Bücher: „Miteinander reden: Störungen und Klärungen" (Schulz von Thun, 1985) als Lektüre an oder die Bücher von Gordon (1972): „Familienkonferenz" und von Perrez u. a. (1985): „Was Eltern wissen sollten".

Will man die Eltern über das *Geschehen in einer Spieltherapie* informieren, dann ist das Buch von Axline (1972): „Kinderspieltherapie im nicht-direktiven Verfahren" zu empfehlen. Man sollte die Eltern jedoch darauf hinweisen, daß sie nicht die therapeutischen Verhaltensweisen von Frau Axline oder diejenigen ihrer Spieltherapeutin oder ihres Spieltherapeuten imitieren, sondern ein geeignetes *elterliches* Verhalten finden sollten. Insofern ist es auch unsinnig, wie Guerney u. a. (1976) es vorschlagen, Eltern zum Spieltherapeuten ihrer Kinder auszubilden, denn Eltern sollten immer in der Rolle von Eltern bleiben.

Anweisungen im Rahmen von Verhaltensübungen sollten nur zurückhaltend gegeben werden. Das Lernkonzept der klientenzentrierten Therapie empfiehlt, die Klienten aufzufordern, selbständig die günstigsten Verhaltensweisen zu finden, wobei in der Familientherapie durch die Möglichkeit zur gemeinsamen Suche von heilungsfördernden Transaktionen zudem die große Chance besteht, daß alle Familienmitglieder ihre spezielle kommunikative Fachmannschaft einbringen und damit die Wahrscheinlichkeit zum Finden günstiger Transaktionen erhöhen können.

2. Grenzsetzungen

Die Verhinderung störender Verhaltensweisen durch Grenzsetzungen ist in der klientenzentrierten Therapie eine problematische Aufgabe, weil dem klientenzentrierten Therapeuten durch das Nicht-Direktivitätsgebot Einschränkungen auferlegt werden, die z. B. in direktiven Familientherapien wie denen von Haley (1977), Selvini-Palazzoli u. a. (1978) oder Minuchin und Fishman (1988) nicht bekannt sind. Aber auch der klientenzentrierte Familientherapeut sollte, ähnlich wie der Spieltherapeut, stark störende familiäre Transaktionen eindeutig und möglichst geschickt unterbinden. Dabei sollte ein eventueller Direktivitätsvorwurf ohne Dünkel akzeptiert werden und man sollte den Vorwerfenden fragen, wie er sich vorstellt, wie man sich und schwächere Interaktionspartner anders als durch schnelle und eindeutige Verhinderungsmaßnahmen vor dem Bedroher schützen kann. Einige dieser Maßnahmen können auch Direktiven sein, sie sollten jedoch erst als letztes Mittel eingesetzt werden.

Verhaltensbegrenzungen sollten in der Familientherapie, ähnlich wie in der Gruppen-Spieltherapie, bereits im *Anfangsstadium* eines störenden Verhaltens vorgenommen werden, um den Klienten die Möglichkeiten zu geben, ihre störende Transaktion rechtzeitig zu beenden oder zu verändern. Damit die Therapeuten dies tun können, sollten sie sich bereits im Rahmen ihrer Ausbildung, wie auch in der Vorbereitung zu einer co-therapeutischen Zusammenarbeit, über die Auftretensart möglicher zu begrenzender Transaktionen, sowie auch über die Art der Durchführung der Grenzsetzung einigen. Es ist unbedingt zu vermeiden, daß die Co-Therapeuten in diesen Fragen uneins sind.

Damit eine Abstimmung über die Art der zu begrenzenden familiären Transaktionen erleichtert wird, ist es empfehlenswert, einen *Katalog von störenden Transaktionen* zu erstellen und sich für jede Transaktion zu überlegen, wie man auf sie am günstigsten reagieren kann.

Da es aber auch in der Familientherapie nicht möglich sein wird, alle störenden Transaktionen im Vorfeld zu unterbinden, sollten die Therapeuten einen *abgestuften Reaktionsplan* entwickeln, der mit der Bitte um Unterlassung des gestörten Verhaltens beginnt und mit der Androhung und – wenn nötig – auch Durchführung eines Behandlungsabbruches endet.

Da man bezüglich *aktionaler Grenzsetzungen* bei Erwachsenen weniger Gestaltungsraum hat als bei Kindern (s. S. 105 u. 122), wird man sich im wesentlichen auf seine dokumentierte Autorität, seinen Humor und sein mit dem Co-Therapeuten abgestuftes geschicktes Verhinderungsverhalten verlassen müssen. Eine vorletzte Möglichkeit vor dem Abbruch der Therapie besteht auch in einem kurzzeitigen Ausschluß bestimmter Familienmitglieder aus den Therapiesitzungen oder in einem vorzeitigen Abbruch einer Sitzung. Beide Maßnahmen sollten jedoch nur in Ausnahmesituationen vorgenommen werden.

3. Modelldemonstrationen

Auch in der Familientherapie ist die Nutzung von *modellhaft vorge-führten Transaktionen* heilungsfördernd. Dabei sollte man das Augen-merk der Familienmitglieder auf konstruktive Transaktionsmodelle lenken und nicht auf destruktive; das bedeutet, daß die Familienthe-rapeuten eindeutig Partei für ein heilungsförderndes Verhalten ergrei-fen sollten. Außerdem sollte es für alle Therapieteilnehmer ein Grundbestreben sein, in möglichst allen Therapiemomenten ein hei-lungsförderndes Verhalten zu zeigen. Schädlich wäre es, wenn eine offene oder latente *destruktive, resignative oder gleichgültige Haltung* bezüglich konstruktiver Änderungsmöglichkeiten bestünde, denn es könnte dann passieren, daß die destruktiven Transaktionen die kon-struktiven dominieren. Dies wäre ein deutliches Signal für die Not-wendigkeit einer Umpolung der Veränderungsdynamik oder für einen Abbruch der Therapie. Es kann nicht akzeptiert werden, daß in einer Therapie eine Verfestigung destruktiver Verhaltensweisen gelernt wird; dies wäre eine Verfehlung des therapeutischen Auftrages.

Eine hilfreiche Methode zum Ausprobieren konstruktiver Transak-tionen sind *Rollenspiele,* in denen die Familienmitglieder Verhaltens-alternativen für ihr gestörtes Verhalten erwerben können. Dabei sollten die üblichen Rollenverteilungen zwischen den Familienmitglie-dern flexibel getauscht werden, so daß z. B. ein Kind die Vater- oder Mutterrolle einnehmen könnte oder ein Erwachsener die Kinderrolle. Die Therapeuten sollten an diesen Rollenspielen nicht als Mitspieler teilnehmen, sondern in der Betrachter- oder Kommentatorenposition bleiben. Auch *Aufträge zur Verhaltensbeobachtung* konstruktiver Transaktionen im eigenen häuslichen Umfeld erleichtern das Finden heilungsfördernder Verhaltensweisen.

Von zentraler Bedeutung ist die Demonstration eines *partnerschaft-lichen Modellverhaltens* durch die Therapeuten, denn das Therapeu-tenpaar bietet eine Fülle von Imitationsanreizen für das Elternpaar (s. a. Luthman und Kirschenbaum 1977; Esser und Schneider 1989, S. 215 ff.). Dabei kann sowohl das Therapeutin-Therapeut-Verhalten (also ihr arbeitsmäßiges und personales Miteinander), als auch das Therapeut/in-Eltern-Verhalten oder Therapeut/in-Kind-Verhalten modellhafte Wirkungen haben.

Aufgrund dieser vielfältigen modellierenden Einflüsse sollte das Therapeu-tenpaar nur dann zusammenarbeiten, wenn dies auch wirklich in konstruktiver Weise möglich ist. Ist dies nicht der Fall, so sollten Familien- und Spielthera-peut/in getrennt voneinander arbeiten oder mit eindeutiger Kompetenzvertei-lung zugunsten eines Haupttherapeuten und eines/er beratenden Kollegen/in innerhalb einer gemeinsam durchgeführten Familientherapie.

138

4. Bedeutungsumformungen

Die Strategie der Bedeutungsumformung unangenehmer Erfahrungen wird in der Familientherapie hauptsächlich im Rahmen von *Phantasieübungen* (s. S. 107) durchgeführt. Da sie im wesentlichen im Rahmen einer Einzel- oder Paararbeit Anwendung findet, ist sie Ausdruck einer besonderen therapeutischen Einflußnahme, in deren Verlauf die freie interaktive Beweglichkeit aller Familienmitglieder zugunsten der Konzentration auf eine spezielle Person (oder Personengruppe) und Problematik eingeschränkt wird.

Bei der Bedeutungsumformung handelt es sich um eine *therapeutisch gelenkte Arbeit* mit einem Problemverhalten, in der verschiedene Strategien aus lenkungsorientierten Therapieverfahren wie z. B. der Klinischen Hypnose (s. Erickson und Rossi 1981; Grinder und Bandler 1984; Araoz 1989) oder des Neuro-Linguistischen-Programmierens (s. Bandler und Grinder 1981) zur Anwendung kommen. Diese Strategien sollen eine Umstrukturierung von destruktiv wirkenden Erfahrungen zu konstruktiv wirkenden ermöglichen.

Der *Umstrukturierungsprozeß* (s. a. Minuchin und Fishman 1988, S. 189 ff.) kann im Rahmen einer Phantasieübung, einer Spielübung oder eines Gesprächs vorgenommen werden. Wichtig für den Erfolg der Umstrukturierung ist, daß der Klient die neuen Erfahrungen in den bisherigen Ablaufrahmen seines Realverhaltens und dessen situativen Kontext eingebaut. Von daher gilt auch hier das Primat des eigenständigen Erfahrungserwerbs und selbstinitiierten Lernens. Deshalb sollten die Therapeuten den Klienten trotz ihrer intensiven Hilfestellung genügend Freiräume für eine eigenständige Ausgestaltung ihrer gestörten Verhaltensmuster lassen.

5. *Körperbezogene Interventionen*

Körperbezogene Interventionen sollten in der Familientherapie dann vorgenommen werden, wenn man den Familienmitgliedern zeigen möchte, wie man Verspannungen, Atem- und Stimmprobleme, Verdauungsstörungen, Herz-Kreislauf-Störungen, Eßstörungen etc. bewältigen kann. Zu den Hilfen gehören Beratungen über einen angemessenen Umgang mit seinem Körper, sowie Entspannungsübungen oder Berührungen im Rahmen einer symptombezogenen Körperarbeit; aber auch Bewegungsübungen oder freies Tanzen nach Musik lassen sich in besonderen Situationen in die Familientherapie integrieren.

Eine vorrangige Arbeit am und mit dem Körper sollte jedoch in der Familientherapie nicht stattfinden, sondern einer *eigenständigen Körpertherapie* vorbehalten bleiben (s. Petzold 1977; Schmidtchen 1989 a).

Als hilfreich haben sich in der Familientherapie Kombinationen von *imaginativen Fokussierungen* auf Körperregionen und dort stattfindende Körperprozesse (z. B. Wärme- oder Kältegefühle; Spannungs- oder Entspannungsgefühle; Leichtigkeits- und Schweregefühle etc.) erwiesen, die mit den dazu assoziierten Erlebnissen und Gedanken zu verbinden sind. Mit dieser Fokussierung ist es möglich, Fixierungen von seelischen Problemen im Körperbereich aufzuspüren und aufzulösen (s. Gendlin 1981). Eine Variation dieser Strategie besteht in einer Imagination wichtiger körperlicher *Bewegungsabläufe* (z. B. des Atmens, des Gehens oder Stehens, der Blut- oder Lymphzirkulation etc.). Zum Zwecke der therapeutischen Variation dieser Abläufe sollten auch *die* Umweltaspekte mitimaginiert werden, die diese Bewegungsabläufe behindern oder fördern. Ziel dieser therapeutischen Arbeit ist es, den Klienten zu helfen, heilungsfördernde Körperreaktionen zu finden und diese in der realen Umwelt zu erproben.

Weitere körperbezogene Interventionen können auch im Rahmen der *Skulpturtechnik* oder der Technik *eingefrorener typischer Transaktionsbewegungen* vorgenommen werden. Hier kann z. B. pantomimisch demonstriert werden, wie die Eltern miteinander oder mit dem Kind kommunizieren und wie ihre Drohgebärden, Demutsgebärden, Anklagen, Beschwichtigungen etc. (s. Satir 1975) aussehen. Damit werden die körperlichen Aspekte dieser Transaktionen bewußt und veränderbar gemacht. In vergleichbarer Weise können auch *Stimmübungen* vorgenommen werden, um z. B. zu üben, seine Ansichten stimmlich kräftiger durchzusetzen oder um zu lernen, bei Trauer zu weinen, bei Wut zu brüllen oder bei Freude zu lachen etc.

Da der körperliche Ausdruck von Gefühlen sowohl als klärendes kommunikatives Signal für den Interaktionspartner als auch als notwendiger Erlebnisakt für den Kommunikator wichtig ist, sind körperbezogene Interventionen immer dann von Nutzen, wenn eine gefühlsunterdrückende Kommunikation vorliegt. Sie sollten in die Familientherapie eingebracht werden, um die willkürliche und ungesunde Abspaltung von Gefühlen aufzuheben.

7. Fazit und Ausblick

Ich habe in diesem Buch versucht, die wesentlichen Gesichtspunkte
einer klientenzentrierten Spiel- und Familientherapie zu beschreiben.
Dabei habe ich mich hauptsächlich auf die Beschreibung von Aspekten einer allgemeinen Handlungs- bzw. Interaktionstheorie be-
schränkt, auf die Entwicklung von Therapiezielen, auf die Beschreibung des diagnostisch-therapeutischen Prozesses, auf die Erklärung
gestörter seelischer Wachstums- und Problemlösungsprozesse und auf
die Beschreibung des therapeutischen Vorgehens in der Spiel- und
Familientherapie.

Da meines Wissens bisher keine detaillierten empirischen Forschungsbefunde zur klientenzentrierten Familientherapie vorliegen,
konnte ich die Aussagen zur Familientherapie nur aufgrund des in der
Fachöffentlichkeit bekannten allgemeinen familiensystemischen und
-therapeutischen Wissens und meiner praktischen Erfahrungen machen. Aus diesen Gründen dürfte der hypothetische Charakter der
familientherapeutischen Aussagen größer sein als der der spieltherapeutischen Aussagen.

Zur Spieltherapie und zum kindlichen Spielverhalten liegen dan-
kenswerter Weise eine größere Anzahl von empirischen Untersuchungen vor, so daß in diesem Bereich der Stand der Theorienbildung
entwickelter und valider ist als in der Familientherapie. Insbesondere
ist es günstig, daß einige empirische Befunde zum Prozeß der Spieltherapie und zum nicht-therapeutisch geleiteten Spiel vorliegen. Ähnliche Untersuchungen wären dringend für die Familientherapie erforderlich.

Zukünftig wünsche ich mir deshalb, daß die klientenzentrierte
Familientherapie näher erforscht wird. Dabei interessiert sowohl die
Erforschung einer alleinigen Familientherapie als auch die einer
kombinierten Spiel- und Familientherapie. Durch die Zentrierung
der Forschungsbemühungen auf eine alleinige Familientherapie
wäre es beispielsweise möglich, in realtiv unverfälschter Weise die
Wirkprozesse der Therapie nachzuweisen, weil keine Interferenzen
mit einer parallel stattfindenden Spieltherapie stattfinden würden.

Inhaltlich würden zahlreiche Fragestellungen zur Familientherapie interessieren; zum einen wäre es erforderlich, die Wirkung der im Buch skizzierten Therapeutenstrategien zu untersuchen, sowie den Einfluß der heilungsorientierten Selbsthilfebemühungen der Familienmitglieder. Auch wäre es interessant festzustellen, welcher Zusammenhang zwischen dem infrafamiliären Interaktionsverhalten der Familienmitglieder innerhalb und außerhalb des Therapiesettings besteht; ob und wie z. B. ein Lerntransfer vom Therapiezimmer auf die häusliche Umgebung stattfindet. Grundsätzlich wäre es auch erforschenswert, ob sich die im Buch skizzierten Annahmen zur Familiensystemtheorie empirisch nachweisen lassen; ob und wie z. B. individuelle Verhaltensänderungen eines Kindes Auswirkungen auf Veränderungen der anderen Familienmitglieder haben; des weiteren wäre es wichtig zu erforschen, wie groß der selbstinitiierte Heilungseinfluß der Familienmitglieder im Vergleich zu dem Einfluß des Therapeuten ist.

Von zentraler Bedeutung wäre auch die Erforschung der Wirkung von Veränderungen im individuellen Annahmensystem einzelner Familienmitglieder auf die Familienkonzepte anderer Mitglieder. Im übrigen ist es bisher völlig unbekannt, wie die einzelnen Konzeptannahmen der Familienmitglieder in „gesunden" und „gestörten" Familiensystemen aussehen, ob z. B. in „gesunden" Familien eine größere Übereinstimmung zwischen den Annahmen zum Familienkonzept vorliegt als in „gestörten" Familien.

Aus den Forschungsvorschlägen wird sichtbar, daß die empirisch erforschte klientenzentrierte Familientherapie erst am Anfang steht und daß hier ähnliche Pionierarbeiten zu leisten sind wie in der Gesprächstherapie oder Spieltherapie. Es wäre wünschenswert, wenn dieses Unterfangen bald in Angriff genommen würde.

Literaturverzeichnis

American Psychiatric Association (Hrsg.:) Diagnostisches und statistisches Manual psychischer Störungen. Weinheim: Beltz 1989

Araoz, D. L.: Die neue Hypnose. Paderborn: Jungfermann 1989

Auckenthaler, A.: Klientenzentrierte Psychotherapie mit Paaren. Stuttgart: Kohlhammer 1983

Axline, V.: Nondirective therapy for poor readers. Journal of Consulting Psychology, 1947, 11, S. 61–69

Axline, V.: Kinderspieltherapie im nicht-direktiven Verfahren. München: Reinhardt 1972

Balint, M.: Therapeutische Aspekte der Regression. Die Theorie der Grundstörung. Stuttgart: Klett 1970 (engl. 1968)

Bandler, R. und Grinder, J.: Neue Wege der Kurzzeittherapie. Paderborn: Jungfermann 1981

Blesken, K. W.: Systemisch orientierte Supervision in der Psychotherapie von Kindern und Jugendlichen. Praxis der Kinderpsychologie und Kinderpsychiatrie, 1989, S. 322–330

Bommert, H.: Grundlagen der Gesprächspsychotherapie. Stuttgart: Kohlhammer 1987

Bommert, H., Busen, A., Gogolla, H., Klein, D., Lütkemeier, P. und Plessen, U.: Untersuchung zur Förderung lernbehinderter Kinder durch klientenzentrierte Verhaltensmodifikation. Psychologie in Erziehung und Unterricht, 1975, 22, S. 129–136

Bommert, H., Henning, Th. und Wälte, D.: Indikation zur Familientherapie. Stuttgart: Kohlhammer 1990

Boszormenyi-Nagy, I.: Transgenerational solidarity: The expanding context of therapy and prevention. American Journal of Family Therapy, 1986, 14, S. 195–212

Bowlby, J.: Bindung. Frankfurt: Fischer 1984

Brem-Gräser, L.: Familie in Tieren. München: Reinhardt 1986

Bronfenbrenner, U.: Ansätze zu einer experimentellen Ökologie menschlicher Entwicklung. In: Oerter, R. (Hrsg.): Entwicklung als lebenslanger Prozeß. Hamburg: Hoffmann und Campe 1978, S. 33–65

Bouillon, K. R.: The comparative efficacy of nondirective group play therapy with preschool speech or language delayed children. Texas Technical University.: Phil. Dissertation 1973

Brown, S. L.: Functions, tasks and stresses of parenting: implications for guidance. In: Arnold, L. E. (Hrsg.): Helping parents help their children. New York: Brunner/Mazel 1978, S. 22–34

Buck, H., Dinter, G., Vogiatzi, L.: Analyse des Störungsverhaltens, des Störungsbewältigungsverhaltens und des motivationalen Verhaltens anhand von Fallbeispielen erfolgreich abgeschlossener Kinderspieltherapien. Diplomarbeit, Univ. Hamburg: Fachbereich Psychologie 1989

Case, R., Hayward, S., Lewis, M. und Hurst, P.: Toward a Neo-Piagetian theory of cognitive and emotional development. Developmental Review, 1988, 8, S. 1–51

Cain, D. J.: From the individual to the family. Person-centered review, 1989, 4, S. 248–255

Christie, J. F. und Johnson, E. P.: Die Rolle des Spiels in der sozial-intellektuellen Entwicklung. In: Einsiedler, W. (Hrsg.): Aspekte des Kinderspiels. Weinheim: Beltz 1985, S. 67–93

Cohn, R.: Von der Psychoanalyse zur themenzentrierten Interaktion. Stuttgart: Klett-Cotta 1978

Duvall, E. M.: Marriage and family development. New York: Cippincott 1977

D'Zurilla, T. J. and Goldfried, M. R.: Problem solving and behavior modification. Journal of Abnormal Psychology, 1971, 78, S. 107–126

Ehlers, B., Ehlers, Th. und Makus, H.: Marburger Verhaltensliste. Göttingen: Hogrefe 1978

Ehlers, B.: Die personenzentrierte Gruppentherapie mit Kindern. In: Goetze, H. (Hrsg.): Personenzentrierte Spieltherapie. Göttingen: Hogrefe 1981, S. 44–63

Ehlers, Th.: Kinder-Spieltherapie. Ein kritischer Rückblick. In: Goetze, H. (Hrsg.): Personenzentrierte Spieltherapie. Göttingen: Hogrefe 1981, S. 149–168

Einsiedler, W. (Hrsg.): Aspekte des Kinderspiels. München: Beltz 1985

Einsiedler, W.: Eltern als Lehrer bei kindlichen Spielaktivitäten. Univ. Erlangen-Nürnberg. Berichte und Arbeiten der Forschungsstelle Spiel und Spielzeug, 1989

Einsiedler, W. und Bosch, E.: Bedingungen und Auswirkungen des Phantasiespiels im Kindesalter. Univ. Erlangen-Nürnberg: Berichte und Arbeiten der Forschungsstelle Spiel und Spielzeug, 1986

Elhardt, S.: Tiefenpsychologie. Eine Einführung. Stuttgart: Kohlhammer 1988

Erickson, M. H. und Rossi, E. L.: Hypnotherapie. München: Pfeiffer 1981

Erikson, E. H.: Identität und Lebenszyklus. Frankfurt: Suhrkamp 1966

Erikson, E. H.: Kindheit und Gesellschaft. Stuttgart: Klett 1968

Esser, U. und Schneider, I.: Klientenzentrierte Partnerschaftstherapie als Beziehungstherapie. – Eine Positionsbestimmung. In: Behr, M., Petermann,

F., Pfeiffer, W. und Seewald, C. (Hrsg.): Jahrbuch für personenzentrierte Psychologie und Psychotherapie. Band 1. Salzburg: Müller 1989, S. 206–228

Fischer, L.: Mothers and mothers-in-law. American Journal of Marriage and the Family, 1983, 45, S. 187–192

Freundlich, D.: Der Körper in der Primärtherapie. In: Petzold, H. (Hrsg.): Die neuen Körpertherapien. Paderborn: Jungfermann 1977, S. 356–375

Gendlin, E. T.: Focusing. Technik der Selbsthilfe bei der Lösung persönlicher Probleme. Salzburg: Müller 1981

Ginott, H. G.: Gruppenpsychotherapie mit Kindern. Weinheim: Beltz 1966

Gordon, Th.: Familienkonferenz. Die Lösung von Konflikten zwischen Eltern und Kind. Hamburg: Hoffmann und Campe 1972

Grawe, K.: Psychotherapie als Entwicklungsstimulation von Schemata. Ein Prozeß mit nicht vorhersehbarem Ausgang. In: Caspar, F. (Hrsg.): Problemanalyse in der Psychotherapie. Tübingen: DGVT 1987, S. 72–87

Grinder, J. und Bandler, R.: Therapie in Trance. Stuttgart: Klett-Cotta 1984

Grinder, J. und Bandler, R.: Kommunikation und Veränderung. Die Struktur der Magie II. Paderborn: Jungfermann 1982

Guerney, B., Guerney, L. und Adronico, M.: Filial Therapy. In: Schaefer, Ch. (Hrsg.): The therapeutic use of child's play. New York: Jason Aronson 1976, S. 553–566

Guntern, G.: Systemtherapie. In: Schneider, K. (Hrsg.): Familientherapie in der Sicht psychotherapeutischer Schulen. Paderborn: Jungfermann 1983, S. 38–77

Haberer, Chr.: Untersuchung der Effekte von klientenzentrierter Gruppenspieltherapie. Diplomarbeit, Univ. Hamburg: Fachbereich Psychologie 1983

Haley, J.: Direktive Familientherapie. München: Pfeiffer 1977

Heckhausen, H.: Entwurf einer Psychololgie des Spiels. Psychologische Forschung, 1969, 27, S. 225–293

Heekerens, H. P.: Familientherapie und Erziehungsberatung. Heidelberg: Asanger 1989

Helanko, R.: Theoretical aspects of play and socialization, Annales Universitatis Turkuensis, 1958, S. 70–87

Hennies, S.: Analyse der Effekte des Therapeutenverhaltens im Rahmen der klientenzentrierten Spieltherapie. Diplomarbeit, Univ. Hamburg, Fachbereich Psychologie 1988

Hill, R.: Family development in three generations. Cambridge, Mass.: Schenkman 1970

Hoppe, H.: Pädagogische Funktionen und Implikationen des Kinderspiels. In: Kreuzer, J. (Hrsg.): Handbuch der Spielpädagogik. Band 1. Düsseldorf: Schwann 1983, S. 159–179

Howe, J.: Störungsspezifisches Handeln in der Gesprächspsychotherapie? In: Sachse, R. und Howe, J. (Hrsg.): Zur Zukunft der klientenzentrierten Psychotherapie. Heidelberg: Asanger 1989, S. 9–20

Hurrelmann, K.: Sozialisation und Gesundheit. Weinheim: Juventa 1988

Izard, C. E.: On the ontogenesis of emotions and emotion-cognition relationships in infancy. In: Lewis, M. und Rosenblum, C. A. (Hrsg.): The development of affect. New York: Plenum 1978

Kaiser, P.: Familienerinnerungen. Heidelberg: Asanger 1989

Keller, H. (Hrsg.): Handbuch der Kleinkindforschung. Berlin: Springer 1989

Kraak, B.: Nichtdirektive Gruppentherapie mit Heimkindern. Zeitschrift für experimentelle und angewandte Psychologie, 1961, 8, S. 595–622

Kriz, J.: Entwurf einer systemischen Theorie klientenzentrierter Psychotherapie. In: Sachse, R. und Howe, J. (Hrsg.): Zur Zukunft der klientenzentrierten Psychotherapie. Heidelberg: Asanger 1989, S. 168–196

Lefcourt, H. M.: Locus of control and coping with life events. In: Staub, I. (Hrsg.): Personality, Basic aspects and current research. Englewood Cliffs: Prentice Hall 1980, S. 200–235

Leventhal, H.: Towards a comprehensive theory of emotion. In: Berkowitz, L. (Hrsg.): Advances in Experimental Social Psychology, 1980, 13, S. 139–207

Luthman, S. und Kirschenbaum, M.: Familiensysteme. Wachstum und Störungen. München: Pfeiffer 1977

Maslow, A.: Motivation und Persönlichkeit. Reinbek: Rowohlt 1981 (engl. 1954)

McCubbin, H. I. und Figley, C. R. (Hrsg.): Stress and the family. Vol. 1. Coping with normative transitions. New York: Brunner/Mazel 1983

McCubbin, H. I. und Patterson, J. M.: The family stress process: The double ABCX model of adjustment and adaptation. Marriage and Family Review, 1983, 6, S. 7–37

Mente, A. und Spittler, H. D.: Erlebnisorientierte Gruppenpsychotherapie. Band 2. Paderborn: Jungfermann 1980

Minuchin, P.: Families and individual development: Provocations from the field of family therapy. Child Development, 1985, 56, S. 289–302

Minuchin, S.: Familie und Familientherapie. Freiburg: Lambertus 1977

Minuchin, S. und Fishman, H. C.: Praxis der strukturellen Familientherapie. Freiburg: Lambertus 1988

Montada, L.: Themen, Traditionen, Trends. In: Oerter, R. und Montada, L. (Hrsg.): Entwicklungspsychologie. München: Psychologie Verlags Union, 1987,. S. 1–86

Neber, H. (Hrsg.): Entdeckendes Lernen. Weinheim: Beltz 1975

Neisser, U.: Kognition und Wirklichkeit: Prinzipien und Implikationen der kognitiven Psychologie. Stuttgart: Klett-Cotta 1979

Neubauer, W.F.: Selbstkonzept und Identität im Kindes- und Jugendalter. München: Reinhardt 1976

Oaklander, V.: Gestalttherapie mit Kindern und Jugendlichen. Stuttgart: Klett-Cotta 1981

Oerter, R.: Der ökologische Ansatz. In: Oerter, R. und Montada, L. (Hrsg.): Entwicklungspsychologie. München: Psychologie Verlags Union 1987, S. 87–128

Oerter, R. und Montada, L. (Hrsg.): Entwicklungspsychologie. München: Psychologie Verlags Union 1987

Olson, D.H., Sprenkle, D.H. und Russell, C.S.: Circumplex model of marital and family systems: I. Cohesion and adaptability dimensions, family types, and clinical applications. Family Process, 1979, 18, S. 3–28

Orlinsky, D.E. und Howard, K.J.: The relation of process to outcome in psychotherapy. In: Garfield, S.C. und Bergin, A.E. (Hrsg.): Handbook of psychotherapy and behavior change. New York: Wiley 1978, S. 283–329

Papousêk, H. und Papousêk, M.: Intuitive parenting: A dialectic counterpart to the infant's integrative competence. In: Osofsky, J.D. (Hrsg.): Handbook of infant development. New York: Wiley 1987, S. 669–720

Pavel, F.G.: Klientenzentrierte Therapie von Systemen. GwG-Info, 1985, 59, S. 34–54

Pavel, F.G.: Integrative klientenzentrierte Therapie von Systemen. In: Behr, M., Petermann, F., Pfeiffer, W.M. und Seewald, C. (Hrsg.): Jahrbuch für personenzentrierte Psychologie und Psychotherapie. Band 1. Salzburg: Müller 1989, S. 229–256

Pearlin, L.I. und Schooler, C.: The structure of coping. Journal of Health and Social Behavior, 1978, 19, S. 2–21

Perrez, M., Minsel, B. und Wimmer, H.: Was Eltern wissen sollten. Salzburg: Müller 1985

Petermann, F., Noeker, M. und Bode, U.: Psychologie chronischer Krankheiten im Kindes- und Jugendalter. München: Psychologie Verlags Union 1987

Petzold, H. (Hrsg.): Die neuen Körpertherapien. Paderborn: Jungfermann 1977

Piaget, J.: Nachahmung, Spiel und Traum. Stuttgart: Klett-Cotta 1969 (Studienausgabe)

Piaget, J.: Theorien und Methoden der modernen Erziehung. Wien: Molden 1972

Piaget, J.: Intelligence and affectivity: Their relationship during child development. Palo Alto C.A.: Annual Reviews Monograph 1981

Reams, R. und Friedrich, W. N.: Play therapy: a review of outcome research. Unpublished paper. Univ. of Washington: Department of Psychology 1983

Remschmidt, H. und Schmidt, M. (Hrsg.): Multiaxiales Klassifikationsschema für psychiatrische Erkrankungen im Kindes- und Jugendalter nach Rutter, Schaffer und Sturge. Bern: Huber 1977

Revenstorf, D.: Nonverbale und verbale Informationsverarbeitung als Grundlage psychotherapeutischer Intervention. Hypnose und Kognition. 1985a, Band 2, Heft 2, S. 13–35

Revenstorf, D.: Paartherapie. In: Revenstorf, D. (Hrsg.): Psychotherapeutische Verfahren. Band 4. Stuttgart: Kohlhammer 1985b, S. 117–183

Rogers, C. R.: A theory of therapy, personality, and interpersonal relationships, as developed in the client-centered framework. In: Koch, S. (Hrsg.): Psychology: A study of science. New York: Mc Graw Hill 1959, S. 184–256

Rogers, C. R.: The interpersonal relationship: The core of guidance. Haward Educational Review, 1962, 42, S. 416–929

Rogers, C. R.: The therapeutic relationship: Recent theory and research. Australian Journal of Psychology, 1965, 17, S. 95–108

Rogers, C. R.: Lernen in Freiheit. München: Kösel 1974a

Rogers, C. R.: Encounter Gruppen. München: Kindler 1974b

Rogers, C. R.: Rogers, Kohut and Erickson: A personal perspective on some similarities and differences. In: Zeig, J. K. (Hrsg.): The evolution of psychotherapy. New York: Brunner/Mazel 1987, S. 179–187

Satir, V.: Selbstwert und Kommunikation. München: Pfeiffer 1975

Schenk-Danzinger, L.: Zur entwicklungspsychologischen Bedeutung des Spiels. In: Kreuzer, K. J. (Hrsg.): Handbuch der Spielpädagogik. Band 1. Düsseldorf: Schwann 1983, S. 369–384

Schlippe, A. v.: Familientherapie im Überblick. Paderborn: Jungfermann 1984

Schmidt, L. R. und Keßler, B. H.: Anamnese. Weinheim: Beltz 1976

Schmidtchen, S.: Untersuchungen zur Analyse des Klienten- und Therapeutenverhaltens in der klientenzentrierten Spieltherapie. In: Jankowski, P., Tscheulin, D., Fietkau, H. J. und Mann, F. (Hrsg.): Klientenzentrierte Psychotherapie heute. Göttingen: Hogrefe 1976, S. 351–359

Schmidtchen, S.: Handeln in der Kinderpsychotherapie. Stuttgart: Kohlhammer 1978a

Schmidtchen, S.: Klientenzentrierte Spieltherapie. Weinheim: Beltz 1978b (Erstausgabe 1974)

Schmidtchen, S.: Klientenzentrierten Familientherapie. In: Schneider, K. (Hrsg.): Familientherapie in der Sicht psychotherapeutischer Schulen. Paderborn: Jungfermann 1983, S. 134–157

Schmidtchen, S.: Kinderpsychotherapie. Stuttgart: Kohlhammer 1989a

Schmidtchen, S.: Personenzentrierte Kinderpsychotherapie. In: Behr, M., Petermann, F., Pfeiffer, W. und Seewald, C. (Hrsg.): Jahrbuch für personenzentrierte Psychologie und Psychotherapie. Band 1. Salzburg: Müller 1989 b, S. 182–205

Schmidtchen, S., Wörmann, D. und Hobrücker, B.: Verlaufsanalyse des Spielverhaltens in der Kinderpsychotherapie. Praxis der Kinderpsychologie und Kinderpsychiatrie, 1978, 4, S. 117–125

Schmidtchen, S. und Engbarth, A.: Welche Therapeuten- und Klientenvariablen bestimmen den Erfolg einer Spieltherapie? Psychologie, Erziehung und Unterricht, 1986, 33, S. 185–195

Schneewind, K. A.: Familienentwicklung. In: Oerter, R. und Montada, L. (Hrsg.): Entwicklungspsychologie. München: Psychologie Verlags Union 1987, S. 971–1014

Schneider, K. (Hrsg.): Familientherapie in der Sicht psychotherapeutischer Schulen. Paderborn: Jungfermann 1983

Schulte, D. und Wittchen, H. U.: Wert und Nutzen klassifikatorischer Diagnostik für die Psychotherapie. Diagnostica, Band 34, Heft 1, 1988, S. 85–98

Schulz von Thun, F.: Miteinander reden: Störungen und Klärungen. Reinbek: Rowohlt 1985

Schweitzer, J. und Weber, G.: Beziehung als Metapher: Die Familienskulptur als diagnostische, therapeutische und Ausbildungstechnik. Familiendynamik, 1982

Seeman, J. und Edwards, B.: A therapeutic approach to reading difficulties. Journal of Consulting Psychology, 1954, 18, S. 451–453

Selvini-Palazzoli, M., Boscolo, L., Cecchin, G. und Prata, G.: Paradoxon und Gegenparadoxon. Stuttgart: Klett-Cotta 1978

Siegel, C. L.: Changes in play therapy behaviours overtime as a function of differing levels of therapist offered conditions. Journal of Clinical Psychology, 1972, 28, S. 235–236

Slavson, S. R. und Schiffer, M.: Gruppentherapie mit Kindern. Göttingen: Vandenhoeck und Ruprecht 1976

Speierer, G. W.: Die Krankheitslehre der klientenzentrierten Psychotherapie. In: Sachse, R. und Howe, J. (Hrsg.): Zur Zukunft der klientenzentrierten Psychotherapie. München: Asanger 1989, S. 37–53

Staabs, G.: Der Scenotest, Bern: Huber 1964

Stierlin, H.: Zur Beziehung zwischen Einzelperson und System: Der Begriff Individuation in systemischer Sicht. In: Reiter, L., Brunner, E. J. und Reiter-Theil, S. (Hrsg.): Von der Familientherapie zur systemischen Perspektive. Berlin: Springer 1988, S. 3–20

Stierlin, H., Rücker-Embden, I., Wetzel, N. und Wirsching, M.: Das erste Familiengespräch. Stuttgart: Klett-Cotta 1977

Stollak, G. E., Scholom, A., Green, L., Schreiber, J. und Messe, L. A.: The process and outcome of play encounters between undergraduates and clinic-referred children. Psychotherapy Theory, Research and Practice, 1975, 12, S. 327–331

Stuckenhoff, W.: Das Verhältnis von Spielalter und Spielformen als Basis für eine Spielförderung. In: Kreuzer, K. J. (Hrsg.): Handbuch der Spielpädagogik. Band 1. Düsseldorf: Schwann 1983, S. 181–195

Sylva, K., Bruner, J. S. und Genova, P.: The role of play in the problemsolving of children 3–5 years old. In: Bruner, J., Jolly, A. und Sylva, K. (Hrsg.): Play – its role in the development and evolution, New York: Basic Book 1976, S. 244–260

Tausch, A., Kettner, U., Steinbach, I. und Tönnies, S.: Effekte kindzentrierter Einzel- und Gruppengespräche mit unterprivilegierten Kindergarten- und Grundschulkindern. Psychologie in Erziehung und Unterricht, 1973, 20, S. 77–80
Thomas, A. und Schetter, U.: Über die Wirksamkeit von Gruppenspieltherapie in einem Kinderdorf. – Ein vorläufiger Bericht. Heilpädagogische Forschung, 1976, 6, S. 176–198

Vaskovics, L. A. (Hrsg.): Umweltbedingungen familialer Sozialisation. Stuttgart: Enke 1982
Van der Kooij, R.: Multidimensionale Untersuchung des Spielverhaltens. In: Einsiedler, W. (Hrsg.): Aspekte des Kinderspiels. Weinheim: Beltz 1985, S. 32–66
Vernon, P. E.: Personality assessment. New York: Wiley 1964

Wartburton, J. R. und Alexander, J. F.: The family therapist: What does one do? In: L'Abate, L. (Hrsg.): Handbook of family psychology and psychotherapy. Vol. 2, Chicago: Dorsey 1985, S. 1318–1343
Watzlawick, P., Weakland, J. H. und Fisch, R.: Lösungen. Bern: Huber 1974
Wittchen, H. U. und Schulte, D.: Diagnostische Kriterien und operationalisierte Diagnosen. Grundlagen der Klassifikation psychischer Störungen. Diagnostica. Band 34, Heft 1, 1988, S. 3–27

Yablonsky, L.: Psychodrama. Stuttgart: Klett-Cotta 1978
Yalom, I.: Gruppenpsychotherapie. München: Kindler 1974

Anhang: Materialien

Im folgenden möchte ich im Anhang einige Materialien vorstellen, die zur Durchführung der Therapiediagnostik von Bedeutung sind. Ihr Einsatz wird ausführlich im Kapitel 5 besprochen.

1. Individuelle Problem-Liste

In der Individuellen Problem-Liste (IPL) sollen alle problematischen (bzw. gestörten) Verhaltensweisen des Kindes unter Angabe der Umweltsituationen, in denen sie auftreten, erfaßt werden. Die Problemverhaltensweisen sollen in einem ersten Durchgang von den Eltern, Erziehern, Lehrern etc. global benannt und in weiteren Durchgängen spezifiziert werden. Dabei sollten die problematischen Handlungsabläufe gesondert aufgeführt werden.

Jeder problematische Verhaltensablauf sollte bezüglich der Art und Häufigkeit seines Auftretens und der den Ablauf begleitenden wichtigsten Umweltbedingungen beschrieben werden. Diese Beschreibung sollte möglichst exakt und anschaulich geschehen.

Um den Eltern und anderen Beurteilern einen breiten Orientierungsrahmen zur Erfassung möglichst aller Problemverhaltensweisen zu geben, sollten die Beurteiler auf die Inhaltsbereiche hingewiesen werden, in denen Problemverhaltensweisen auftreten können. Dies kann ein sozialer, personenbezogener, instrumenteller und wissensbezogener Inhaltsbereich sein.

Als *Beispiel* für ein Problem aus dem sozialen Inhaltsbereich kann folgendes Problemverhalten gelten:
– Der Klient reagiert bei Interessenskonflikten mit anderen Kindern der Kindertagesstätte schnell aggressiv und unbeherrscht, indem er die Kinder verbal beschimpft und/oder sie körperlich angreift (z.B. schubst, boxt oder mit dem Fuß tritt). Er tut dies im wesentlichen in Abwesenheit der Erzieher oder wenn er sich von diesen unbeobachtet fühlt. Das Verhalten tritt pro Tag durchschnittlich 2–3 mal auf.

Die endgültigen Formulierungen der in die IPL aufzunehmenden Verhaltensweisen sollten vom Therapiediagnostiker vorgenommen werden, weil nur er aufgrund seiner Fähigkeit zur exakten Verhaltensbeobachtung und konzeptuell-angemessenen Störungsbeschreibung in der Lage sein dürfte, sinnvolle Störungszusammenfassungen oder -trennungen bei ungerechtfertigt kombinierten Störungsepisoden vorzunehmen.

Als letzter Arbeitsschritt sollte dann eine *zufällige Vermischung der Reihenfolge* der Verhaltensprobleme vorgenommen werden, damit bei der folgenden Einschätzung des Belastungsgrades mögliche Beurteilungsfehler wegen eines Reihenfolgeeffektes vermieden werden können.

Bei der *Feststellung des Problem-Belastungsgrades* sollten die einzelnen Problemverhaltensweisen auf einer 5-stufigen Skala zweimal beurteilt werden. In der ersten Beurteilung soll in Form eines *Umwelt-*

Belastungsgrades angegeben werden, wie stark sich Eltern, Erzieher, Lehrer etc. durch das Problemverhalten des Kindes gestört fühlen.

In einer zweiten Beurteilung soll der *persönliche Belastungsgrad* des Kindes erfaßt werden. Das Kind und/oder stellvertretend die Eltern, Erzieher, Lehrer etc. sollen angeben, wie stark das Kind jetzt oder zukünftig unter dem Problemverhalten leidet oder wahrscheinlich leiden wird. Dabei soll im Zukunftsaspekt die Beeinträchtigung einer glücklichen und erfolgreichen Entwicklung des Kindes im Falle der Beibehaltung des Problemverhaltens ermittelt werden. Bei dieser Urteilsabgabe kann der Therapiediagnostiker mit seinem Erfahrungswissen beratend Hilfestellung geben.

Die Erfassung des persönlichen Belastungsgrades ist besonders dann schwierig, wenn das Kind unter seinem Problemverhalten scheinbar nicht leidet, z. B. wenn es andere Personen durch seine Wutanfälle, aggressive Verhaltensweisen oder durch sein Schuleschwänzen leiden läßt. In diesem Fall sollte der persönliche Belastungsgrad so erfaßt werden, daß man das Kind oder stellvertretend die Eltern oder Erzieher bittet, sich vorzustellen, wie stark das Kind unter den Reaktionen der Umwelt auf sein Problemverhalten leidet; d. h. unter den Reaktionen der Eltern, Erzieher, Lehrer oder Kameraden auf die kindlichen Wutanfälle, aggressiven Verhaltensweisen oder sein Schuleschwänzen etc..

Der Umwelt- und persönliche Belastungsgrad soll in folgenden Ausprägungsgraden erfaßt werden:

1	2	3	4	5
keine oder sehr geringe Belastung	geringe Belastung	mittelstarke Belastung	starke Belastung	sehr starke Belastung

2. Skala zur Beurteilung des therapieinternen Selbstheilungsverhaltens

In der *Skala zur Beurteilung des therapieinternen Selbstheilungsverhaltens* soll für jedes Familienmitglied getrennt angegeben werden, wieviel Energie und Geschick es zur Erreichung der Therapieziele und der aus ihnen abgeleiteten Zwischenziele aufbringt. Es soll beurteilt werden, welchen Veränderungseinsatz Vater, Mutter und Kind (u. U. auch Geschwister) in der Familientherapie und Spieltherapie aufbringen. Dabei soll das Kindverhalten sowohl in der Spiel- als auch Familientherapie beurteilt werden. (Es soll also bezüglich des Kindes eine Doppelbeurteilung vorgenommen werden.)

Als Kriterien zur Erfassung der Heilungsbemühungen sollen alle *die* Verhaltensweisen dienen, die Eltern und Kind im Rahmen des Therapiesettings unternehmen, um das gewünschte Zielverhalten zu lernen und um ihr gestörtes Verhalten zu bewältigen.

Es soll also die *Güte des Therapiezielverhaltens und des Störungsbewältigungsverhaltens* in einem gemeinsamen Urteil erfaßt werden. Dabei empfiehlt es sich, den Urteilsprozeß schrittweise so durchzuführen, daß für jedes Problemverhalten und das an seine Stelle tretende Therapiezielverhalten ein Einzelurteil (in Kladde) durchgeführt wird, das dann zu einem gemeinsamen Urteil zusammengefaßt wird.

Die einzelnen Ausprägungsgrade des Selbstheilungsverhaltens lauten:

1	2	3	4	5
keine oder sehr geringe Heilungsbemühungen	geringe Heilungsbemühungen	mittelstarke Heilungsbemühungen	starke Heilungsbemühungen	sehr starke Heilungsbemühungen

3. Kurzdarstellung der diagnostisch-therapeutischen Aufgaben in der klientenzentrierten Spiel- und Familientherapie

A. Diagnostikphase: ca. 5–6 Kontakte mit allen Familienmitgliedern.

Aufgaben: Beschreibung und Analyse des gestörten seelischen Verhaltens des Kindes unter psychologischen, biopsychologischen, interaktionistischen und ökologischen Einflüssen; Einigung über die Therapieziele und Klärung, wer aus der Familie zur therapeutischen Mitarbeit bereit ist.

Inhalt der Ziele: Entwicklungsförderung und Abbau des gestörten psychischen Verhaltens.

B. Indikationsplanungsphase: ca. 1–2 Kontakte

Aufgaben: Auswahl einer angemessenen Therapiemethode; Entscheidung zwischen den Alternativen z. B. einer alleinigen Familientherapie, Paartherapie, Elternteiltherapie oder einer Familientherapie mit begleitender Spieltherapie, Paartherapie oder Elternteiltherapie.

Wenn die Entscheidung für eine Familientherapie mit begleitender Spieltherapie gefallen ist, dann kommen die Phasen C und D zur Anwendung.

Das kombinierte Spiel- und Familientherapieverfahren ist dann indiziert, wenn die Problematik des Kindes primär auf eine Mangelbefriedigung von Grundbedürfnissen (bzw. ein verzögertes Entwicklungsverhalten) zurückzuführen ist und nicht vorrangig auf gestörte Interaktionsprozesse zwischen Eltern und Kind oder schwere psychische Störungen der Eltern; beim Vorliegen der letztgenannten Probleme ist eine alleinige Familientherapie, Paartherapie oder Elternteiltherapie indiziert.

C. Therapiephase:

a) *Familientherapie:* ca. 20–25 Kontakte zu je 90 Minuten Länge
Aufgaben: Information über Prozesse der Störungsentstehung und Störungsheilung; Bitte um Mithilfe beim Heilungsgeschehen im Rahmen der Spiel- und Familientherapie; Analyse der Eltern-Kind-Interaktionen und ihrer möglichen Auswirkungen auf das gestörte seelische Verhalten des Kindes; Erwerb alternativer Interaktionsformen, die zu einem störungsfreien Verhalten des Kindes führen können; insbesondere von Verhaltensweisen zur Bedürfnisbefriedigung des Kindes und zu einem wertschätzenden, empathischen, echten und

partnerschaftlichen intrafamiliären Verhalten; Verbesserung der gegenseitigen elterlichen Bedürfnisbefriedigung.

b) *Spieltherapie:* ca. 25–30 Kontakte zu je 45 oder 60 Minuten Länge (Einzel- bzw. Gruppentherapie)

Aufgaben: Aufbau einer empathischen, wertschätzenden und echten Therapeut-Klient-Beziehung; Förderung des freien Spiels; Förderung von Bedürfnisbefriedigungsprozessen des Kindes; Korrektur von fehlerhaften kognitiven und erlebnismäßigen Informationsverarbeitungsprozessen zur Bewältigung von Selbstkonzeptinkongruenzen und anderen Problemen; Unterstützung von konstruktiven Verhaltensmustern zum Abbau des gestörten psychischen Verhaltens innerhalb und außerhalb der Therapiesituation etc.

Die Spieltherapie ist im allgemeinen für Kinder im Alter von 3–12 Jahren anwendbar, die spielbereit und spielfähig sind. Das Spiel nimmt ca. 95% der 45-minütigen Therapiezeit in Anspruch; es wird mit Erikson (1968, S. 216) als eine „Modellsituation (gesehen), um darin Erfahrungen zu verarbeiten und die Realität durch Planung und Experiment zu beherrschen".

D. Therapieabschlußphase: ca. 2–3 Kontakte

Aufgaben: Effektkontrolle; Unterstützung des Transfers von Therapieprozessen aus dem Spielzimmer bzw. Familiensprechzimmer auf die Lebensbedingungen außerhalb der Therapieräume; Ausklingenlassen der regelmäßigen Therapiekontakte mit Kind und Eltern; Aufbau einer prophylaktischen Therapeut-Eltern-Kind-Beziehung für eine etwaige spätere Beratung oder Ergänzungstherapie („Hausarzt-Modell").

Die angegebenen Phasen können als ein *idealtypisches Ablaufprogramm* einer klientenzentrierten Spiel- und Familientherapie angesehen werden. In Einzelfällen ist es möglich, die empfohlenen Kontakthäufigkeiten zu vergrößern. Dies gilt insbesondere dann, wenn die Störungsproblematik sehr umfassend ist und wenn die Familientherapie durch Einzel- oder Paargespräche erweitert werden muß.